中医药文化与健康

第六册

总主编 许二平

本册主编 苗明三

本册执行主编 方晓艳 王辉

河南大学出版社
HENAN UNIVERSITY PRESS
·郑州·

图书在版编目（CIP）数据

中医药文化与健康.第六册/许二平主编.——郑州：河南大学出版社，2022.8
ISBN 978-7-5649-5307-2

Ⅰ.①中… Ⅱ.①许… Ⅲ.①中国医药学–文化–普及读物 Ⅳ.①R2-05

中国版本图书馆CIP数据核字（2022）第156447号

策划编辑	程新晓		
责任编辑	卢志宇	责任校对	赵海霞
责任印制	陈建恩	封面设计	李雪莹

出 版	河南大学出版社			
	地址：郑州市郑东新区商务外环中华大厦2401号		邮编：	450046
	电话：0371-22864493（基础教育与学前教育分公司）		网址：	hupress.henu.edu.cn
排 版	河南君策广告设计有限公司			
印 刷	河南美轩印务有限公司			
版 次	2022年8月第1版		印 次	2022年8月第1次印刷
开 本	787 mm×1092 mm 1/16		印 张	5.75
字 数	84千字		定 价	24.00元

（本书如有印装质量问题，请与当地销售部门联系调换。本书在编写过程中，参考引用了一些资料，取得了原作者的大力支持，在此谨表感谢，但因一些作者的地址不详，我们无法取得联系。敬请各位作者与我们联系，以便做出妥善处理。）

编委会

总 主 编　许二平

主　　 审　许敬生　韦大文

执行主编　王　琳　许敬生　徐江雁　贾成祥　李成文
　　　　　苗明三　李东阳

编　　 委（按姓氏笔画为序）

　　　　　王　琳　王　辉　王剑锋　韦大文　方晓艳
　　　　　尹笑丹　朱红庆　刘文礼　许二平　许敬生
　　　　　李东阳　李成文　李青雅　张　楠　张晓艳
　　　　　张婷婷　苗明三　范　敬　赵迪克　赵培源
　　　　　胡研萍　贾成祥　徐江雁　常征辉　彭　新

第一单元　博大的中医智慧　　　　　01

第1课　　阴阳学说　　　　　　　　　03

第2课　　五行学说　　　　　　　　　08

第3课　　阴阳、五行在中医学中的应用　　13

第4课　　天人合一　　　　　　　　　19

第二单元　中医治病的原则　　　　　23

第5课　　辨证论治　　　　　　　　　24

第6课　　辨证论治的运用　　　　　　28

第7课　　治　则　　　　　　　　　　31

第8课　　基本治则　　　　　　　　　34

第三单元　认识人体的经络　43

第9课　　经络学说的起源与发展　　44

第10课　　经络的生理功能和应用　　49

第11课　　腧穴的分类　　55

第12课　　腧穴的主治特点和规律　　60

第四单元　神奇的治疗方法　65

第13课　　中药方剂　　66

第14课　　针灸疗法　　72

第15课　　推拿疗法　　78

第16课　　拔罐疗法　　82

第一单元 博大的中医智慧

第1课　阴阳学说

阴阳学说是中国古代的朴素的对立统一理论，属于中国古代唯物论和辩证法范畴，体现出中华民族辩证思维精神。阴阳学说认为世界是物质性的整体，宇宙间一切事物不仅其内部存在着阴阳的对立统一，其发生、发展和变化也都是阴阳二气对立统一的结果。

中医学将阴阳学说应用于医学，形成了中医学的阴阳学说，促进了中医学理论体系的形成和发展，中医学的阴阳学说是中医学理论体系的基础之一和重要组成部分。

一、阴阳的含义

（一）阴阳概念的形成

阴阳的概念起源于远古时期，人类通过对自然现象，尤其是对人类生活、生产实践影响最大的太阳、月亮等明暗交替的天象观察，形成了阴阳最初的含义，即向日为阳，背日为阴。殷商时期的甲骨文中，有"阳日""晦月"等记载。

在甲骨文中，阴阳所指为日、月。《说文解字》载："阴，暗也。水之南，山之北也。""阳，高明也。"即朝向日光、明亮者为阳；背向日光、晦暗者为阴。随着对自然现象的不断观察，阴阳的含义逐渐引申，如天地、明暗、寒热、动静等。

春秋战国时期，阴阳学说作为哲学思想逐渐形成。古代哲学家运用阴阳学说解释自然现象、社会政治及伦理道德等。《老子·四十二章》说："万物负阴而抱阳，冲气以为和。"认为阴阳相互作用所产生的冲和之气是推动事物发生发展变化的根源。《周易》提出"一阴一阳之谓道"的命题，把阴阳学说提升到哲学高度进行概括，将阴阳的对立属性及其运动变化视为宇宙万物的本性及变化的基本规律。《周易》把自然、社会中诸如天地、日月、寒暑、动静、刚柔、进退、水火、男女等具有对立关系的事物或现象，均赋予阴阳的属性，使阴阳成为对立统一的哲学范畴。

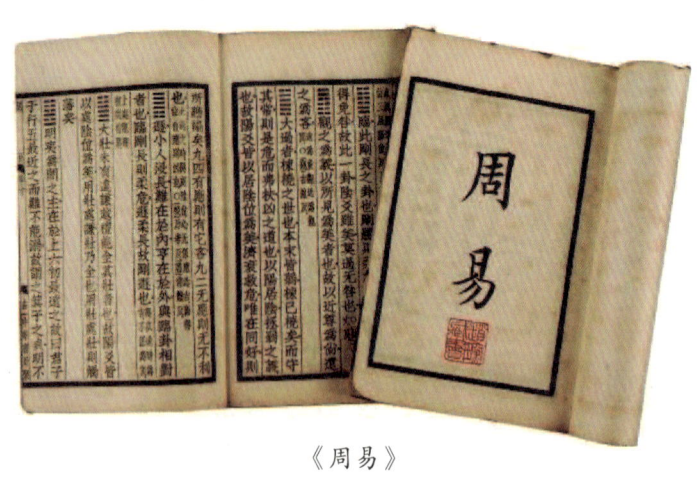

《周易》

随着临床医学的发展，阴阳观念逐渐应用到医学领域。《左传·昭公元年》运用阴阳解释疾病的病因，记载"天有六气，降生五味，发为五色，微为五声，淫生六疾。……阴淫寒疾，阳淫热疾"。《皇帝内经》说明人与自然界的关系，曰"自古通天者，生之本，本于阴阳"；解释人体的生理和病理，曰"阴平阳秘，精神乃治。阴阳离决，精气乃绝"；指导诊断和治疗，曰"谨察阴阳所在而调之，以平为期"。

（二）阴阳的基本概念

阴阳属于中国古代哲学的基本范畴。气一物两体，分为阴阳。阴阳是气本身所具有的对立统一属性，所谓"阴阳者，一分为二也"（《类经·阴阳类》）。阴和阳之间存在着既对立又统一的辩证关系，阴阳的对立统一是宇宙的总规律，《素问·阴阳应象大论》曰："阴阳者，天地之道也。"

阴阳的对立、互根、消长和转化构成了阴阳的矛盾运动，成为阴阳学说的基本内容。阴阳范畴被引入医学领域，成为中医学理论体系的基石，成为基本的医学概念。

二 阴阳之间的关系

阴阳之间的关系是阴阳学说的主要内容，包括阴阳对立制约、阴阳互根、阴阳消长、阴阳转化等方面。

（一）阴阳对立制约

阴阳对立制约是用阴阳说明事物或现象相互对立的两个方面及其相互制约的关系。对立是指处于一个统一体的矛盾双方的互相排斥、互相斗争。阴阳对立是阴阳双方的互相排斥、互相斗争。阴阳对立是绝对的，如天与地、上与下、动与静、升与降、昼与夜、明与暗、寒与热、虚与实等。

（二）阴阳互根

互根指相互对立的事物之间的相互依存、相互依赖，任何一方不能脱离另一方单独存在。阴阳双方均以对方为自身存在的前提和条件。阳蕴含于阴之中，阴阳互根深刻地揭示了阴阳两个方面的不可分离性。

（三）阴阳消长

阴阳消长是指阴阳对立双方的增减、盛衰、进退的运动变化。阴阳对立双方不是处于静止不变的状态，而是始终处于此盛彼衰、此增彼减、此进彼退的运动变化之中。其消长规律为阳消阴长，阴消阳长。阴阳双方在彼此消长的动态过程中保持相对的平衡，人体才保持正常的运动规律。

（四）阴阳转化

阴阳转化是指阴阳对立的双方在一定条件下可以相互转化。阴阳的对立统一包含着量变和质变。事物的发展变化表现为由量变到质变，又由质变到量变的互变过程。阴阳消长是量变过程，阴阳转化则是质变过程。阴阳转化是事物运动变化的基本规律。

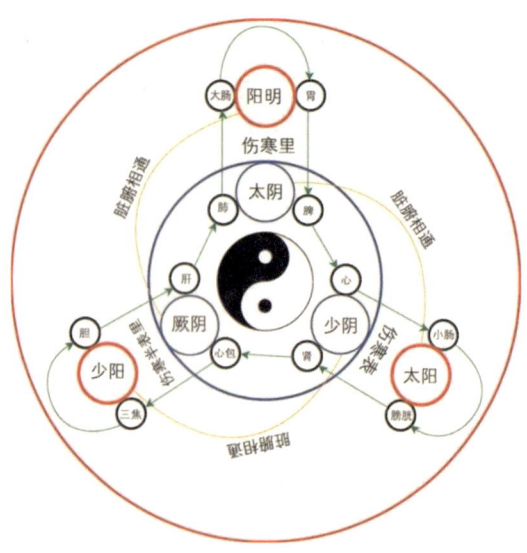

生活中的中医锦囊

山药原名薯蓣，诗圣杜甫的《发秦州》中就有"充肠多薯蓣"的名句，后因避宋英宗（名曙）、唐代宗（名豫）之讳，而改称"山药"。由于河南怀庆府（今河南省焦作市沁阳附近地区）辖区盛产山药，且所产山药最为地道、质量最优，故又名"怀山药"。

思考能力我最强

中医认为气与津（液）密切相关，气与津液相对而言，气属阳，津液属于阴。天气炎热或运用发汗药等原因导致出汗过多，为什么常出现乏力、口渴等现象，严重者还会虚脱？

动手能力我最强

请运用简图描述阴阳之间的关系。

第2课 五行学说

五行学说是中国古代的朴素唯物主义哲学思想。五行学说认为宇宙间的一切事物，都是由木、火、土、金、水五种元素所组成，自然界各种事物和现象的发展变化，也都是这五种物质不断运动和相互作用的结果。

中医学将五行学说应用于医学领域，对中医学理论体系的形成起巨大推动作用，成为中医学理论体系的哲学基础之一和重要组成部分。

一 五行的含义

五行是中国古代哲学的基本范畴之一，"五"，是木、火、土、金、水五种物质。"行"，四通八达，流行和行用之谓，是行动、运动的古义，即运动变化、运行不息的意思。五行，是指木、火、土、金、水五种物质的运动变化。

中医学的五行，是中国古代

哲学五行范畴与中医学相结合的产物，是中医学认识世界和生命运动的世界观和方法论，旨在说明人体结构的各个部分，以及人体与外界环境是一个有机整体，属于医学科学中的哲学概念，与纯粹哲学概念不同。

二 五行生克制化

（一）五行的特性

五行是古人在长期生活和生产实践中，对木、火、土、金、水五种物质的朴素认识基础之上，进行抽象概括而逐渐形成的理论概念，其特性是：

1．"木曰曲直"

曲，屈也；直，伸也。曲直，即能曲能伸之义。木具有生长、能曲能伸、升发的特性。木代表生发力量的性能，标示宇宙万物具有生生不已的功能。凡具有这类特性的事物或现象，都可归属于"木"。

2．"火曰炎上"

炎，热也；上，向上。火具有发热、温暖、向上的特性。火代表生发力量的升华，具有光辉和热力的性能。凡具有温热、升腾、茂盛性能的事物或现象，均可归属于"火"。

3．"土爱稼穑"

春种曰稼，秋收曰穑，指农作物的播种和收获。土具有载物、生化的特性，故称土载四行，为万物之母。土具生生之义，为世界万物和人类生存之本，"四象五行皆藉土"，五行以土为贵。凡具有生化、承载、受纳性能的事物或现象，皆归属于"土"。

4．"金曰从革"

从，顺从、服从；革，革除、改革、变革。金具有能柔能刚、变革、肃杀的特性。金代表固体的性能，凡物生长之后，必会达到凝固状态，

用金以示其坚固性。引申为肃杀、潜能、收敛、清洁之意。凡具有这类性能的事物或现象，均可归属于"金"。

5."水曰润下"

润，湿润；下，向下。水代表冻结含藏之意，具有滋润、就下、闭藏的特性。凡具有寒凉、滋润、就下、闭藏性能的事物或现象都可归属于"水"。

（二）五行生克制化

五行的生克制化规律是五行结构系统在正常情况下的自动调节机制。

1.相生规律

相生即递相资生、助长、促进之意。五行之间互相滋生和促进的关系称作五行相生。五行相生的次序是：木生火，火生土，土生金，金生水，水生木。

2.相克规律

相克即相互制约、克制、抑制之意。五行之间相互制约的关系称作五行相克。五行相克的次序是：木克土，土克水，水克火，火克金，金克木，木克土。

3.制化规律

五行中的制化关系是五行生克关系的结合。相生与相克是不可分割的两个方面。没有生，就没有事物的发生和成长；没有克，就不能维持正常协调关系下的变化与发展。因此，必须生中有克（化中有制），克中有生（制中有化），相反相成，才能维持和促进事物的相对平衡协调和发展变化。五行之间这种生中有制、制中有生、相互生化、相互制约的生克关系称作制化。

五行生克制化的规律是：木克土，土生金，金克木；火克金，金生水，水克火；土克水，水生木，木克土；金克木，木生火，火克金；水克火，火生土，土克水。

生活中的中医锦囊

根据五行之间的关系，五行相克中，火克金。心属火，心在志为喜，肺在志为悲。人们在心情悲伤时，收听轻松的音乐或进行心理疏导等，可以获得较好效果。

思考能力我最强

根据中医五行学说,肝属于木,脾属于土,如何理解肝病可出现消化功能异常现象?

动手能力我最强

请运用简图描述五行之间的关系。

第3课　阴阳、五行在中医学中的应用

中医学充分融入了阴阳五行学说，运用阴阳学说主要阐明生命的起源和本质，人体的生理功能、病理变化，疾病的诊断和防治的根本规律。五行学说应用于中医学领域，主要阐述人体局部与局部、局部与整体之间的有机联系，人体与外界环境的统一等方面。

一　阴阳学说在中医学中的应用

阴阳学说贯穿于中医理论体系的多方面内容，以说明人体的组织结构、生理功能等，并指导临床治疗。

（一）说明人体的组织结构

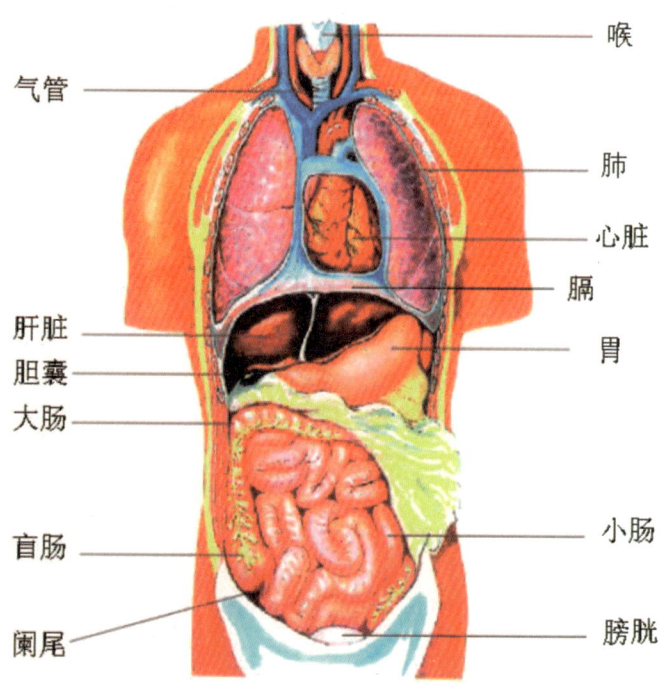

阴阳学说认为人体是极为复杂的阴阳对立统一的有机整体，充满阴阳对立统一现象。人体的组织结构既是有机联系的，又可以划分为相互对立的阴、阳两部分。

阴阳学说对人体的部位、脏腑、经络等的阴阳属性进行具体划分，如人体上半身为阳，下半身属阴；心、肺、脾、肝、肾五脏为阴，胆、胃、大肠、小肠、膀胱为阳。五脏之中，心、肺为阳，肝、脾、肾为阴。心、肺之中，心为阳，肺为阴。肝、脾、肾之间，肝为阳，脾、肾为阴。经络也可划分为阴阳，经属阴，络属阳，而经中有阴经与阳经，络中又有阴络与阳络。

（二）说明人体的生理功能

中医学认为，人体的正常生命活动是阴阳两个方面保持着对立统一的协调关系，使阴阳处于动态平衡状态的结果。就物质与功能而言，功能属阳，物质属阴，人体生理活动的基本规律可概括为阴精（物质）与阳气（功能）的矛盾运动。属阴的物质与属阳的功能之间的关系，就是这种对立统一关系的体现。

阴精（物质）与阳气（功能）对立又相互依存，有利于生命活动的相对平衡的协调状态。如果阴阳不能相互为用而分离，阴精（物质）与阳气（功能）的矛盾运动消失，人的生命活动也将终结。

（三）指导疾病的防治

疾病发生的根本原因是阴阳失调，因此调整阴阳，补其不足，泻其有余，恢复阴阳的相对平衡，达到"阴平阳秘"的状态，是治疗疾病的根本原则。其内容包括确定治疗原则、指导养生防病等方面。

1.确定治疗原则

（1）阴阳偏盛的治疗原则：阴或阳的一方偏盛亢奋，病理变化的关键是邪气亢盛，且尚未导致正气不足，属单纯实证，治疗当损其有余，"实者泻之"。如阳盛所致的热证，宜采用寒凉的药物以清泻其热，称"热者寒之"；阴盛所致的寒证，宜采用辛热的药物以温散其寒，称"寒者热之"。

（2）阴阳偏衰的治疗原则：阴或阳的一方虚损不足，即病理变化的关键是正气虚，故治疗当补其不足，"虚则补之"。如阳虚不足，温煦功能减退所致的虚寒证，宜采用温补阳气以消退寒象，谓之"阴病治阳"；阴虚不能制阳而造成的虚热证，宜采用滋补阴液，壮水以制火，谓之"阳病治阴"。

2. 指导养生防病

中医学十分重视对疾病的预防，阴阳学说认为人体的阴阳变化与自然界四时阴阳变化协调一致，就可以延年益寿。主张顺应自然，春夏养阳，秋冬养阴，精神内守，饮食有节，起居有常。

寒凉药物　　　　　温热药物

二　五行学说在中医学中的应用

在中医学领域中，主要是运用五行的特性来分析和归纳人体的形体结构及其功能，以及外界环境各种要素的五行属性等方面。

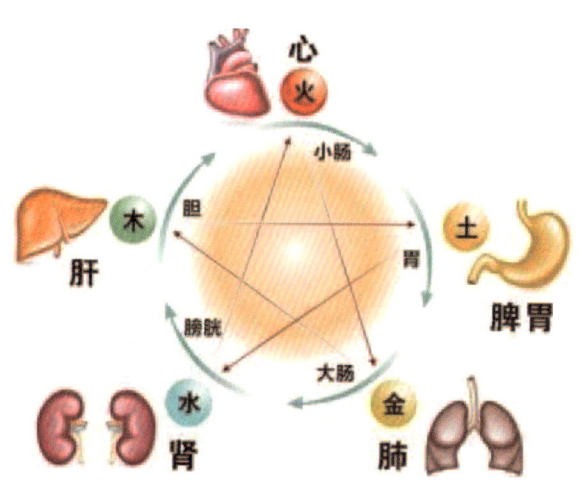

（一）说明脏腑的生理功能及其相互关系

1. 人体组织结构的分属

中医学在五行配五脏的基础上，将人体的组织结构分属于五行，以肝、心、脾、肺、肾五脏为中心，支配筋、脉、肉、皮毛、骨五体，开窍于目、舌、口、鼻、耳五官，外荣于爪、面、唇、毛、发体表组织等，形成了以五脏为中心的脏腑组织的结构系统，从而为脏象学说奠定了理论基础。

2. 说明脏腑的生理功能

五行学说将人体的内脏分别归属于五行，以五行的特性来说明五脏的部分生理功能。如土性敦厚，有生化万物的特性；脾属土，有消化水谷，运送精微，营养五脏、六腑等功能，为气血生化之源。

3. 说明脏腑之间的相互关系

中医五行学说运用五行生克制化理论，说明脏腑生理功能的内在联系。五脏之间既有相互滋生的关系，又有相互制约的关系。

如木生火，即肝木济心火，肝藏血，心主血脉，肝藏血功能正常有助于心主血脉功能的正常发挥；又如心属火，肾属水，水克火，即肾水能制约心火，如肾水上济于心，可以防止心火之亢烈。

（二）说明人体与内外环境的统一

事物属性的五行归类，除了将人体的脏腑组织结构分别归属于五行外，同时也将自然的有关事物和现象进行了归属。例如，人体的五脏、六腑、五体、五官等，与自然界的五方、五季、五味、五色等相应，这样就把人与自然环境统一起来。这种归类方法，不仅说明了人体内在脏腑的整体统一，而且反映出人体与外界的协调统一。

（三）用于指导疾病的诊断

人体是一个有机整体，当内脏有病时，人体内脏功能活动及其相互关系的异常变化，可以反映到体表相应的组织器官，出现色泽、声音、形态、脉象等诸方面的异常变化。由于五脏与五色、五音、五味等都以五行分类归属形成了一定的联系，在临床诊断疾病时，可以综合望、闻、问、切四诊所得的材料，根据五行的所属及其生克乘侮的变化规律来推断病情。

（四）用于指导疾病的防治

五行学说在治疗上的应用主要表现在控制疾病传变，确定治则治法及指导情志疾病的治疗等方面。如精神疗法主要用于治疗情志疾病。情志生于五脏，五脏之间有着生克关系，所以，情志之间也存在这种关系。由于在生理上人的情志变化有着相互抑制的作用，在病理上和内脏有密切关系，故在临床上可以用情志的相互制约关系来达到治疗的目的。如"怒伤肝，悲胜怒……喜伤心，恐胜喜……思伤脾，怒胜思……忧伤肺，喜胜忧……恐伤肾，思胜恐"（《素问·阴阳应象大论》），即所谓以情胜情。

生活中的中医锦囊

根据五行之间的关系，五行相克中，肝属木，脾属土，木克土。肝脏功能失调，可导致脾胃不和，出现食欲减退，使用疏肝解郁药物或心理疏导等方法，一旦病人心情舒畅，食欲减退等症状便会逐渐消失。

思考能力我最强

根据中医五行学说,肝属木,脾属土,如何理解肝病会出现消化功能异常现象?

动手能力我最强

请运用简图描述人体的组织结构与五行之间的关系。

第4课　天人合一

> 天人合一属于中国古代哲学的命题之一，天、地、人关系密切，故可从天地的本质与现象来分析人的生命活动的规律。

天人合一是指天、地、人本原于一气，同构同律，相参相应的思维方式。天，即天地、自然。天人合一的思想起源于道家，《老子》曰："人法地，地法天，天法道，道法自然。"法，指效法。道，指规律。"道"是宇宙万物的本原和规律，天道、地道、人道"统归于一"。《庄子》曰："天地与我并生，而万物与我为一。"提出天地万物与人类共生一致的观点，拥有统一本原、属性、结构和规律，因此人当效法自然，顺应自然。

老子

庄子

一 天人同气

天人同气，即天、地、人同源于一气。天食人以五气，地食人以五味，维持人的生命活动。人与万物相同，生于天地气交之中，气之升降出入、聚散阖辟的运动变化，形成万物生长收藏、人体生命活动的生长壮老已。

二 天人同构

天人同构，即天、地、人的结构相同。中医学认为，人是天地的缩影，其结构与天地相应。

三 天人同律

天人同律，即天、地、人的节律相同。天地自然的节律主要为年、月、日、时，人亦应之。年节律，由于阴阳消长而形成春、夏、秋、冬季节更替，人以五脏系统相应，形成"四时五脏阴阳"整体观。月节律，由于月之朔望，形成大地海水潮汐节律变化，人之气血，月满则盈，月亏则虚。日节律，朝则为春，日中为夏，日入为秋，夜半为冬。

天人合一，作为中医学的系统思维方式，指导着对人体生理、病理的认识，融汇在疾病的诊断和治疗措施中。中医学始终把人的生命活动放在天文地理、季节气候、民俗民风、生活习惯等天、地、人三大要素构成的宇宙框架之中去分析和权衡，以寻找其本质和规律。

生活中的中医锦囊

根据天人相应观点，季节气候变化、生活习惯等能够影响人体生命活动。季节交替时，应根据气候变化及时增减衣物，采取积极防护措施，抵御外邪侵入，防止发病。日常生活中养成良好的生活习惯，有利于身体健康。

思考能力我最强

人们生活的环境及从事的职业与健康状况存在一定关系吗？

动手能力我最强

请运用简图描述天、地、人之间的关系。

中医治病的原则

第二单元

第5课　辨证论治

辨证论治是中医学认识疾病和治疗疾病的基本原则，又是诊断和防治疾病的基本方法，是中医学术特点的集中表现，也是中医学理论体系的基本特点之一。

一　辨证论治的含义

所谓辨证，就是将四诊望、闻、问、切所收集的资料、症状和体征，通过分析、综合，辨清疾病的原因、性质、部位，以及邪正之间的关系，概括、判断为某种性质的证候。辨证的过程是对疾病的病理变化作出正确、全面判断的过程，即从感性认识上升为理性认识，分析并找出病变的主要矛盾；论治，又称施治，是根据辨证的结果，确定治疗原则和方法，也是研究和实施治疗的过程。

（一）症、证、病的区别

疾病的发生、发展是通过一定的症状、体征等方面表现出来的，透过疾病的现象能够一定程度地揭示疾病的本质。

症状是疾病的个别表面现象，是病人主观感觉到的异常感觉或某些病态改变，如咳嗽、头痛、发热、呕吐等。能被觉察到的客观表现称为体征，如舌苔、脉象等。广义的症状包括体征。

证，又称证候，是中医学认识和治疗疾病的核心。其临床表现是机体在致病因素作用下，所出现的一组特定症状和体征，这些症状体征具有内在联系，能够全面揭示疾病本质。其本质是基于对疾病某一阶段的临床表现的分析、归纳和综合，对疾病的致病因素、病变部位、疾病的性质和发展趋势等所作的病理概括。证是由症状组成的，但它不是症状的简单相加，是透过现象抓住具有本质意义的辨证指标（症状），探明其内在联系，从而揭示疾病的本质。可见，证比症状更全面、更深刻、更正确地揭示了疾病的本质，所以症与证的概念不同。

病，又称疾病，是在病因的作用下，机体邪正交争，阴阳失调，出现具有一定发展规律的演变过程，具体表现出若干特定的症状和各阶段的相应证候。

病是由证体现出来的，反映了病理变化的全过程和发生、发展、变化的基本规律。

（二）症、证、病的关系

症、证、病三者既有联系又有区别，三者均统一在人体病理变化的基础之上。症是疾病的个别表面现象，证则反映了疾病某个阶段的本质变化，它将症状与疾病联系起来，从而揭示了症与病之间的内在联系，而病则反映了病理变化的全部过程。

辨证论治是在中医学理论指导下，对四诊所获得的资料进行分析综合，概括判断出证候，并以证为依据确立治疗原则和方法。

二 辨证和论治的关系

辨证是决定治疗的前提和依据,论治是治疗疾病的手段和方法。辨证和论治是诊治疾病过程中相互联系且不可分割的两个方面,是理论和实践相结合的体现,是理、法、方、药在临床上的具体运用,是指导中医临床工作的基本原则。

生活中的中医锦囊

辨证常通过四诊望、闻、问、切收集资料,因此,患者到医院就诊时,中医大夫常通过望舌、切脉及询问患者症状等方法手段,获得疾病相关信息,以进行诊断。

思考能力我最强

中医重视切脉诊断疾病,通过切脉一定能够确诊相关病证吗?

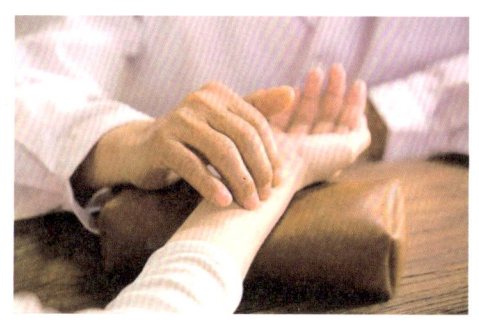

动手能力我最强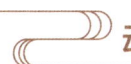

分组观察3~6位同学的舌象,并对所观察的舌苔舌质颜色进行描述。

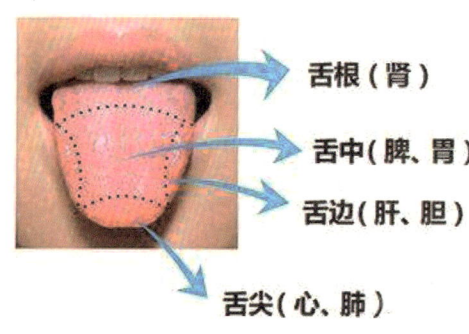

第6课　辨证论治的运用

中医辨证方法较多，根据疾病的具体临床表现，运用恰当的辨证方法，对疾病的正确诊断十分重要。临床上，选择合适的辨证方法，除根据疾病临床表现外，有些情况下，还应结合患者职业、性别、年龄等方面因素进行辨证。

一　常用的辨证方法

临床常用的辨证方法有八纲辨证、脏腑辨证、气血津液辨证、六经辨证、卫气营血辨证、三焦辨证等。这些辨证方法有其各自的特点，对疾病的诊断各有侧重，它们之间又是互相联系和互相补充的。

二 辨证论治的过程

在整体观念指导下，运用四诊对病人进行仔细的临床观察，将患者症状和体征，根据"辨证求因"的原理进行推理，判断其发病的病因，并结合时令、气候及病人的体质、性别、职业等情况进行具体分析，从而揭示疾病的本质，得出辨证的结论，最后确定治疗法则，遣方用药进行治疗。这是中医临床辨证论治的基本过程。

三 辨证论治的精神实质

辨证论治的过程中，必须掌握病与证的关系，既要辨病，又要辨证，辨证重于辨病。证是疾病不同阶段、不同病理变化的反映。因此，在疾病发展过程中，可出现不同的证候，要根据不同证候进行治疗。例如黄疸病，若表现为湿热证，其治疗应当清热利湿，若表现为寒湿证，则其治疗宜温化寒湿，这就是所谓同病异治。而不同的疾病，在其发展过程中，若出现性质相同的证，可采用同一治疗方法治疗，这就是异病同治。如胃下垂、脱肛、子宫脱垂等，是不同的病，均可以表现为中气下陷证，均可以用升举中气的方法治疗。

可见，中医治病不是着眼"病"的异同，而是重点关注"证"的区别。相同的证，可以运用相同的治法，不同的证，运用不同的治法，即所谓"证同治亦同，证异治亦异"。这种针对疾病发展过程中不同质的矛盾，而运用不同方法治疗的原则，就是辨证论治的精神实质。

生活中的中医锦囊

临床上,患者到医院就诊时,医生往往结合患者的职业、性别、年龄,甚至生活习惯等方面因素,这些信息对医生进行辨证论治是有帮助的。

思考能力我最强

临床上,为什么食欲减退、腹泻均可运用消食导滞的方法治疗?

动手能力我最强

讨论感冒患者如何选用莲花清瘟胶囊、维C银翘片、风寒感冒颗粒等中成药。

第7课 治则

临床在合理运用辨证方法的基础上，确定正确的治疗原则，才能准确制定治疗方法，进而取得满意的临床疗效。因此，治则的确定对治疗疾病十分重要，对临床用药有直接影响和指导作用。

一 治则的含义

治则，是指治疗疾病过程中必须遵循的法则，也称"治之大则"，是在整体观念和辨证论治理论指导下，根据中医望诊、闻诊、问诊、切诊所获得的临床客观资料，在对疾病进行全面分析、综合判断的基础上制定出来的，对临床确定治疗方法、处方用药具有普遍指导意义的治疗规律。

二 治则与治法的关系

治则是用来指导治疗方法的总则，而治法是在治则指导下制定的治疗疾病的具体方法，治法从属于一定治疗原则。例如，疾病从邪正关系来说，不外乎邪正斗争、消长、盛衰的变化。因此，在治疗上，扶正祛邪就成为治疗的基本原则。在这一原则指导下，根据具体疾病情况所采取的补气、补血、滋阴、补阳等方法，就是扶正的具体方法，而发汗、清热、吐下等方法，则是祛邪的具体方法。

生活中的中医锦囊

咽喉肿痛为临床常见症状，临床大夫多根据咽喉肿痛的具体临床表现判断疾病病因和病机，确定治疗方法，如咽喉肿痛实热者，可选用双黄连、牛黄解毒丸等清热药，若有虚热之象，多选用知柏地黄丸等。

思考能力我最强

久病倦怠乏力、食欲减退、容易感冒等临床表现，多选用哪类中药？

动手能力我最强

根据所提供药物（黄芩、桑白皮、干姜、荆芥、防风、陈皮、法半夏、茯苓、射干、生甘草等），讨论当患者咳吐黄痰，舌质红，苔黄腻，为肺热咳嗽时，可选用哪些药物。

黄芩

桑白皮

干姜

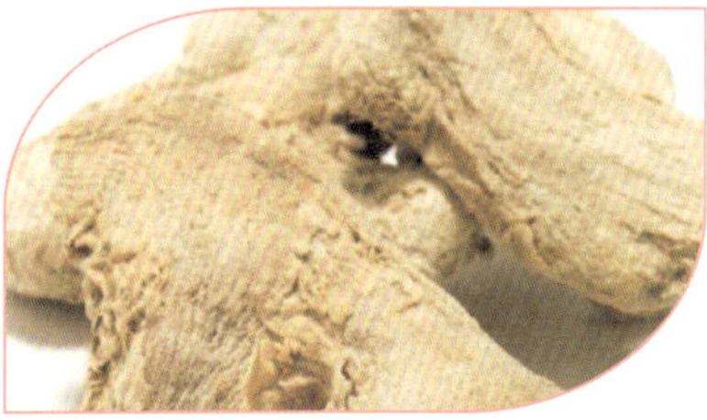

荆芥

防风

陈皮

法半夏

茯苓

射干

生甘草

第8课　基本治则

"治病必求于本"是中医辨证论治的根本原则，也是中医治疗疾病最基本的原则。治病求本，就是在治疗疾病的过程中，必须查明疾病发病的根本原因，针对疾病的根本原因进行治疗。基本的治疗原则主要有扶正祛邪、标本先后、正治与反治、调整阴阳等。

一　扶正祛邪

（一）扶正祛邪的概念

扶正，就是使用扶助正气的药物或其他治疗方法，并配合适当的营养和功能锻炼等辅助方法，以增强体质，提高机体的抗御病邪的能力，达到战胜疾病、恢复健康的目的。

祛邪，就是利用驱除邪气的药物或其他治疗方法，以祛除致病因素，达到邪去正复、恢复健康的目的。

（二）扶正祛邪的应用

扶正和祛邪是相互联系的两个方面，通过扶正，增强正气，可以驱邪外出，从而恢复健康，即所谓"正盛邪自祛"。祛邪可以消除致病因素的损害而达到保护正气、恢复健康的目的，即所谓"邪去正自安"。

运用扶正祛邪的治则时，应分析正邪力量的对比情况，分清主次，决定扶正或祛邪，或决定扶正祛邪的先后。一般情况下，扶正用于虚证，祛邪用于实证。若虚实错杂证，则应扶正祛邪并用。具体情况如下：

1. 扶正

扶正适用于正虚为主，而邪气不亢盛的虚证。如气虚、血虚证，宜采取补气、补血的方法治疗；阴虚、阳虚证，宜采取滋阴、补阳的方法治疗。

2. 祛邪

驱邪适用于邪实为主，而正气尚未虚衰的实证。临床常用汗法、吐法、下法、清热、利湿、消导、行气、活血等治疗方法，都是在祛邪原则指导下，根据邪气的具体情况制定的治疗方法。

3. 先祛邪后扶正

先祛邪后扶正适用于邪盛、正虚，正气尚可耐攻，以邪气盛为主要矛盾，若兼顾扶正反会助邪的病证。如脾胃虚弱所致的饮食积滞，患者可出现食欲减退，因饮食积滞不去，食欲减退症状更加明显，故应先消食导滞，然后再补气健脾。

4. 先扶正后祛邪

先扶正后祛邪适用于正虚邪实的虚实错杂证，且正气虚衰不耐攻的情况。此时先祛邪更伤正气，必须先用补法扶助正气再攻其邪。如肝硬化腹水患者，以正气虚衰为主要矛盾，正气不能承受攻伐时，必须先扶正，待正气适当恢复，能耐受攻伐时再泻其病邪，才不致发生意外事故。

二 标本先后

（一）标本先后的概念

标与本是相对的概念，具有多种含义。如从邪正关系来说，人体的正气为本，致病的邪气为标；从病因与症状的关系来说，病因为本，症状为标；从疾病先后来说，旧病为本，新病为标，先病为本，后病为标；从现象和本质来说，本质为

本，现象为标。

可见，标本不是绝对的，是相对的。针对临床病证中标本主次的不同，应采取"急则治标，缓则治本"的法则，以达到治病求本的目的，即所谓标本先后的基本治则。

（二）标本先后的应用

1. 缓则治本

缓则治本是指标病或标症缓而不急时所采用的一种治疗原则，一般适用于慢性疾病，或当病势向愈，正气已虚，邪尚未尽之际。如风寒头痛，风寒之邪阻滞经络的病因病机为本，头痛的症状表现为标，采用疏风散寒法针对本质进行治疗，风寒之邪一除，则头痛自解。

2. 急则治标

急则治标是指标病或标症甚急，有可能危及患者生命或影响对本病治疗时所采用的治疗原则，一般适用于卒病且病情非常严重，或疾病在发展过程中，出现危及生命的某些症候时。如大失血病变，若短时间内出血量很多，甚至危及生命时，无论属于什么原因导致的出血，都应采取紧急措施以止血，待血止病情缓解后，再根据其出血的病因病机予以治本。

3. 标本兼治

标本兼治是标病本病错杂并重时采取的一种治疗原则，适用于标病和本病俱急之时。如脾虚气滞的病人，脾虚为本，气滞为标，既用人参、白术、茯苓、甘草等健脾益气以治本，又配木香、砂仁、陈皮等理气行滞以治标。

综上所述，一般来说，凡病势发展缓慢的，当从本治；发病急剧的，首先治标；标本俱急的，又当标本同治。

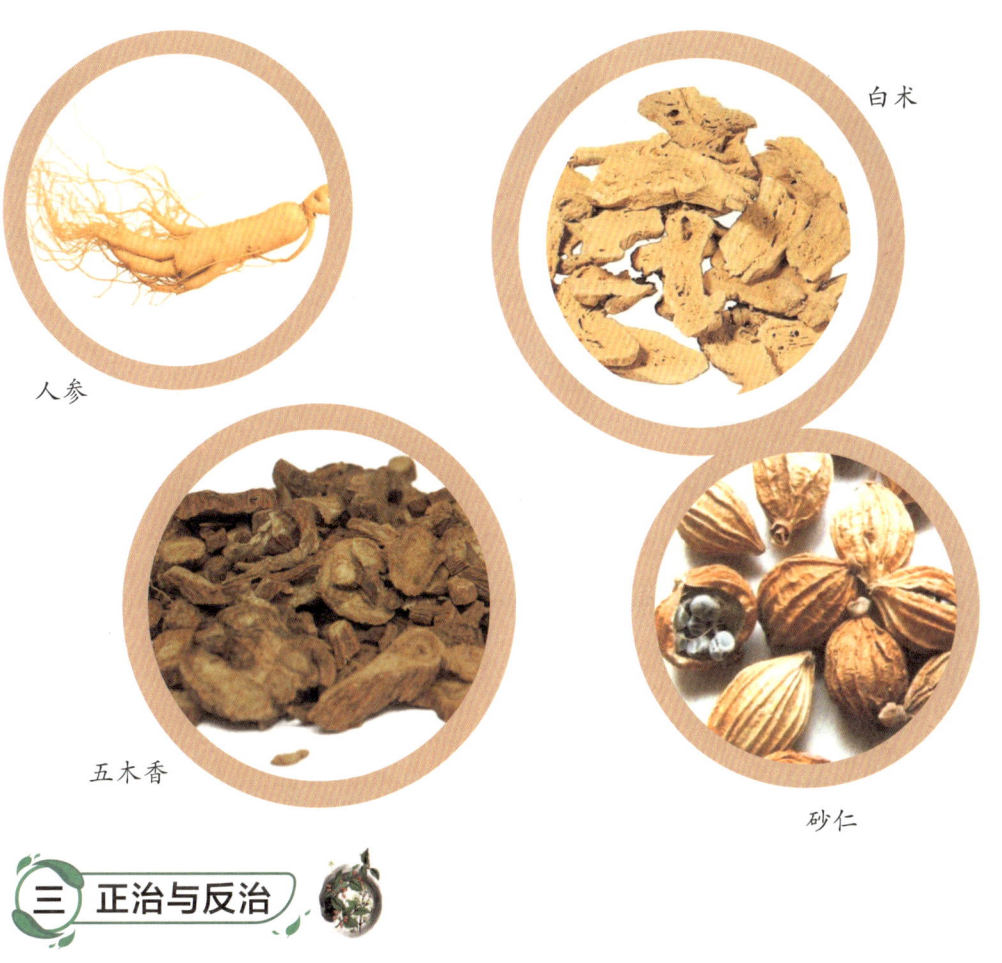

人参

白术

五木香

砂仁

三 正治与反治

（一）正治与反治的概念

正治与反治属于中医治则的一种。临床上，疾病的本质和现象，在有些情况下是一致的，有时则会出现不一致的现象。临床应根据疾病的不同情况，确定治疗原则。

1. 正治

正治是临床最常用的一种治疗法则，适用于疾病的本质和现象相一致的病证。正治是逆着病变证候性质而治的一种治疗法则，故又称"逆治"。

2. 反治

反治是顺从疾病假象而治疗的一种治疗法则，其运用方药或措施的性质顺从疾病的假象，与疾病的假象相一致，故又称"从治"。其实质是在治病求本法则指导下，针对疾病的本质而进行治疗的方法。

(二)正治与反治的应用

1.正治应用

疾病的性质有寒、热、虚、实之别，所以正治法就有"寒者热之，热者寒之""虚者补之，实者泻之"之分。

"寒者热之"是指寒证出现寒象，用温热药进行治疗，即以温热之性的药物治疗。如表寒证用辛温解表法，里寒证用温里散寒法等。"热者寒之"是指热证出现热象，要用寒凉之性的药物治疗，如表热证用辛凉解表法，里热证用苦寒清热法。

"虚者补之"是指虚证见虚象，运用补益的药物补其虚弱。如阳虚证用补阳法补阳，阴虚证用滋阴法滋补阴液。

"实者泻之"是指实证见实象，则用泻法泻其邪。如食积之证用消导法，水饮停聚证用逐水法，血瘀证用活血化瘀法，虫积证用驱虫法等。

2.反治应用

反治适用于疾病的征象与本质不完全一致的病证。临床上，一般有以下几种治疗方法。

（1）热因热用，指用热性药物治疗具有假热症状的病证之法，适用于真寒假热证，即阴寒内盛，格阳于外，形成里真寒外假热的症候。治疗时针对疾病的本质，运用热性药物治疗其真寒，真寒祛除，假热随之消失。这种治疗方法针对其假象来说就是以热治热的"热因热用"。如由于阴寒内盛，阳气被格拒于外，出现既有下利清谷、四肢厥逆、脉微欲绝等真寒临床表现，又兼见身热、面赤等假热之象。因其本质是寒，热象是假，所以就不能用"热者寒之"的方法，而应用温热药物治其真寒，里寒祛除，阳气恢复，表现于外的假热便随之消失，这就是"以热治热"的具体运用。

（2）寒因寒用，是指运用寒性药物治疗具有假寒症状的病证之法，适用于里热炽盛，阳盛格阴的真热假寒证。如因阳盛于内，格阴于外，只现四肢厥冷的外假寒症状，但壮热、口渴、便燥、尿赤等热证是疾病的本质，故用寒凉药治其真热，假寒自然就消失了。这种治法，对其假寒的症状来说，就是"以寒治寒"的反治法。

（3）塞因塞用，是运用补益的药物治疗具有闭塞不通症状的病证之法，适用于因虚而致闭塞不通的真虚假实证。如脾胃虚弱，气机升降失司所致的脘腹胀满等症，治疗时应采取补脾益胃的方法，恢复脾升胃降之职，气机升降正常，脘腹胀满自除。这种以补开塞之法，就是塞因塞用。

（4）通因通用，是运用通利的药物治疗具有实性通泄症状的病证之法，适用于真实假虚之候。如食积腹泻，治以消导泻下；瘀血所致的崩漏，治以活血化瘀等。这种以通治通的方法，就是通因通用。

四 调整阴阳

（一）调整阴阳的概念

所谓调整阴阳，是针对机体阴阳盛衰的变化，运用损其有余、补其不足的原则，使阴阳恢复于相对的平衡状态。人体患病是阴阳之间协调平衡遭到破坏，导致偏盛或偏衰的结果，故调整阴阳、"以平为期"是中医治疗疾病的根本法则。

（二）调整阴阳的应用

1. 损其有余

损其有余又称损其偏盛，是指阴或阳的一方偏盛有余的病证，应当用"实则泻之"的方法来治疗。

（1）抑其阳盛：对"阳盛则热"所致的实热证，应用清泻阳热、"治热以寒"的法则治疗。

（2）损其阴盛：对"阴盛则寒"所致的实寒证，应当温散阴寒，"治寒以热"，用"寒者热之"的法则治疗。

由于阴阳之间是互根互用的,"阴盛则阳病""阳盛则阴病"。在阴阳偏盛的病变中,如其相对一方有偏衰时,则当兼顾其不足,配以温阳或滋阴之法。

2. 补其不足

补其不足是指对于阴阳偏衰的病证,运用"虚则补之"的方法予以治疗的原则。病有阴虚、阳虚、阴阳两虚之分,其治则有滋阴、补阳、阴阳双补等方面。

(1) 阳病治阴,阴病治阳:阳病治阴适于阴虚证,阴病治阳适用于阳虚证。"阴虚则热"所出现的虚热证,采用"阳病治阴"的原则,滋阴以制阳亢。"阳虚则寒"所出现的虚寒证,采用"阴病治阳"的原则,阴虚者补阴,阳虚者补阳,以平为期。

(2) 阳中求阴,阴中求阳:根据阴阳互根互用的理论,临床治疗阴虚证时,运用滋阴剂时适当佐以补阳药,即所谓"阳中求阴"。治疗阳虚证时,在助阳剂中,适当佐以滋阴药,即所谓"阴中求阳"。因阳得阴助而生化无穷,阴得阳升而泉源不竭。如临床上在治疗血虚证时,常在补血剂中佐以补气药;治疗气虚证时,在补气剂中也常佐以补血药。

(3) 阴阳双补:由于阴阳是互根互用的,阴虚可累及阳,阳虚可累及阴,导致阴阳两虚的病证,治疗时当阴阳双补。由于阴阳是辨证的总纲,疾病的各种病理变化都可用阴阳失调加以概括。因此,广义来讲,解表攻里、升清降浊、补虚泻实、调理气血等治疗方法,都属于调整阴阳的范围。

生活中的中医锦囊

1. 日常生活中,因着凉导致肠胃不适(如腹痛、恶心等),服用姜汤可以缓解症状。

2. 日常生活中,饮食积滞、食欲减退者,可以服用消积化滞之品,如鸡内金、山楂丸、酵母片等。

姜汤

鸡内金

山楂丸

酵母片

思考能力我最强

咽喉、牙龈肿痛时,为什么有些情况下医生建议忌食辛辣等食物?

动手能力我最强

根据所提供的药物（菊花、栀子、金银花、竹叶、甘草、桔梗）及自己了解的中药知识，选择2~3味药制作药茶，并说明其作用。

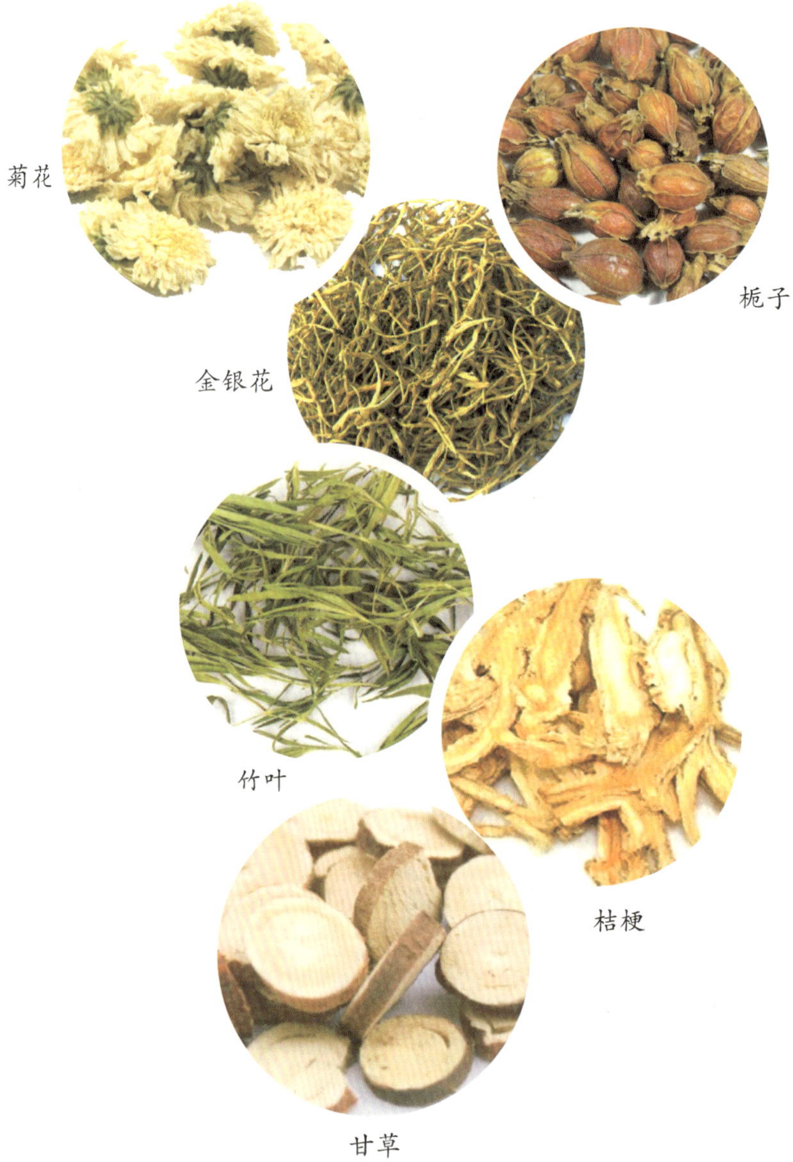

菊花

栀子

金银花

竹叶

桔梗

甘草

第三单元 认识人体的经络

第9课　经络学说的起源与发展

经络现象是中医学关于人体生命活动的重要发现，它从动态的角度揭示了人体内外上下有机联系的特殊通路，也是中医学整体观的具体体现。

一　经络的概述

经络是经脉和络脉的总称，是人体内运行气血、联络脏腑、贯穿上下的通路。经，有路径的含义，经脉贯通上下，沟通内外，是经络的主干，深而在里；络，有网络的含义，络脉是经脉的分支，较经脉细小，纵横交错，遍布全身。络脉又包括浮络、孙络，浮而在表，难以计数。《黄帝内经·灵枢·经别》记载，"经脉者，常不可见也"，"诸脉之浮而常见者，皆络脉也"。

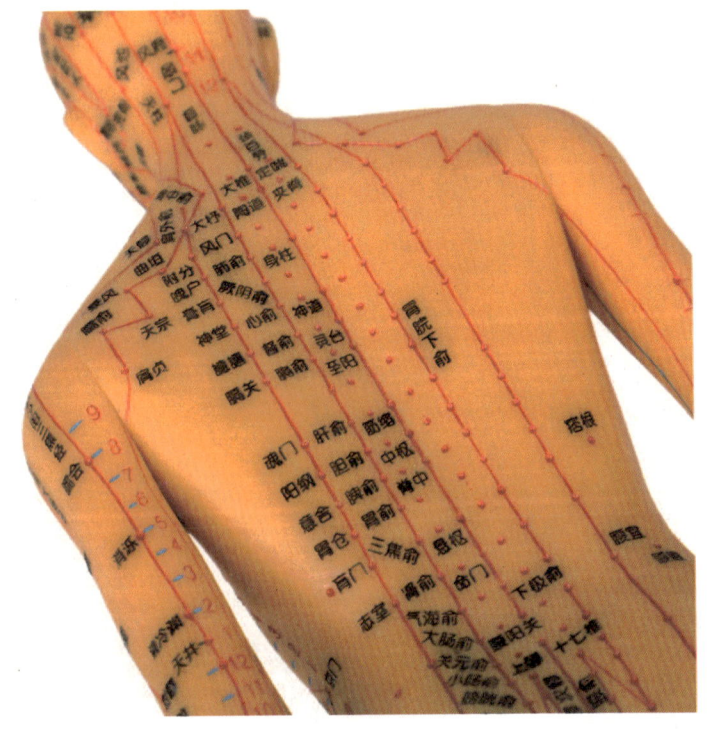

人体的经络穴位

二 经络的发现

经络学说来源于《黄帝内经》以前医疗实践经验的积累和总结，确切年代尚无明确记载。早在石器时代，人类在生活或劳动中发现身上某个部位被石块刺伤或被火灼伤，而其他一些部位的病痛有时会随之减轻或消除，这样反复不断地体验，逐渐意识到用石刺、火灼可以

《黄帝内经》

治病，这可能就是针灸疗法的起源。古代医家在临床实践中观察到针刺穴位或一定部位时，患者会产生酸、麻、胀、重等特殊感觉，有时还会出现沿一定路线传导的现象，这种现象《黄帝内经》称为"气至"，即"得气"，现代称为"针感""经络感传""经络现象"等。

在长期的针灸临床实践中，古代医家发现腧穴不仅能治疗局部病症，还能治疗某些远隔部位的病证，而且这些主治范围基本相同的穴位往往有规律地排列在一条线路上，为经络的存在提供了佐证。

当人体内某一脏腑发生疾病时，也会循其相应经脉，在体表一定部位表现出症状、体征。如肝病可见两胁或腹部疼痛；心病可表现为胸前区及背部疼痛，并放射至手小指；胃病在足三里这个穴位有痛觉异常等。通过对这些循经病理现象的反复观察，人们发现其有一定的规律性，并且与经络有密切的联系。

气功，古代称为"导引""行气"，在导引、行气过程中，随着呼吸的调整、心神的内守、肢体的舒缓，常常出现"气"在体内有规律的流行的感觉，这种感觉的反复出现，加深了人们对经气的认识并促进了经络研究的发展。在长沙马王堆汉墓出土的帛书中，有一幅画有各种姿势的"导引图"与记载十一脉的文字连在一起，说明导引、行气与经络的密切关系。

马王堆出土的帛书中的"引导图"

三 经络理论的形成与发展

"经络"一词首见于《黄帝内经》。如《《黄帝内经·灵枢·邪气脏腑病形》曰："阴之与阳也，异名同类，上下相会，经络之相贯，如环无端。"《黄帝内经》的问世，标志着经络学说的形成。《难经》在《黄帝内经》的基础上首创"奇经八脉"一词，对奇经八脉的含义、功能、循行、病候等内容做了较为详尽的论述，构建了奇经八脉系统，使经络学说更加丰富全面。东汉时期张仲景的《伤寒杂病论》将经络理论运用于临床实践，创立了六经辨证纲领。晋代皇甫谧编著的第一部针灸专著《针灸甲乙经》，记载各经穴位349个，将

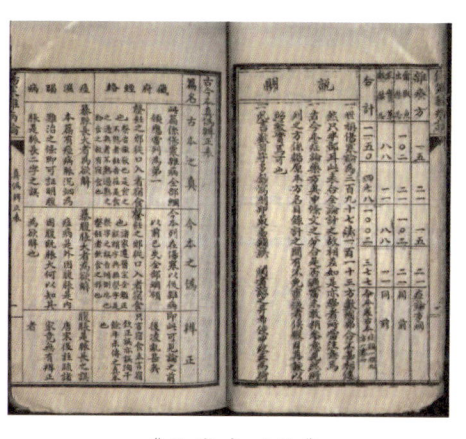
《伤寒杂病论》

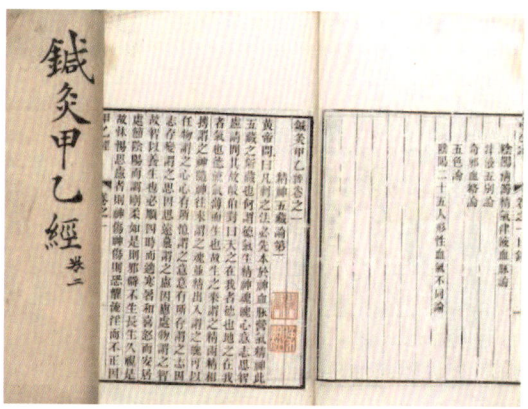
《针灸甲乙经》

"穴"与"经"联系起来。宋代王惟一主持铸造经络穴位模型"铜人"两具,编著《铜人腧穴针灸图经》。元代滑寿著《十四经发挥》,首次将十二经与任、督二脉合称"十四经",首倡"循经取穴"的原则。

总之,经络学说自《黄帝内经》以后日趋成熟,逐步广泛地指导临床实践,并在几千年漫长的医疗实践过程中接受检验,得到修正、补充和发展。

生活中的中医锦囊

当胃脘胀满疼痛时,按揉足三里,可缓解胀满疼痛的感觉。

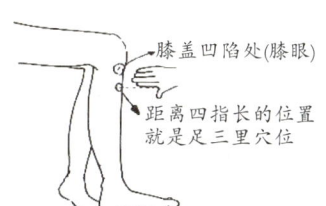

膝盖凹陷处(膝眼)

距离四指长的位置就是足三里穴位

第三单元 认识人体的经络

思考能力我最强

当毫针进入机体组织为什么会引起酸、麻、胀、重等特殊的感觉，为什么还会出现沿一定线路传导的现象？

动手能力我最强

按压合谷穴，看会不会出现酸、麻、胀、重等感觉？

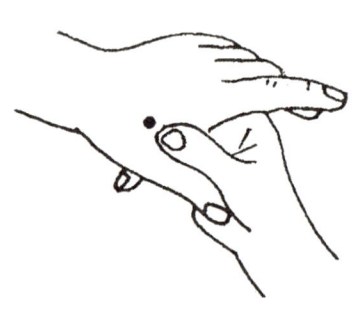

第10课 经络的生理功能和应用

经络是人体内的一个重要系统，其生理功能主要表现为：沟通表里上下，联系脏腑器官；运行气血，濡养脏腑组织；感应传导，以及调节人体各部分功能等。

一 经络的生理功能

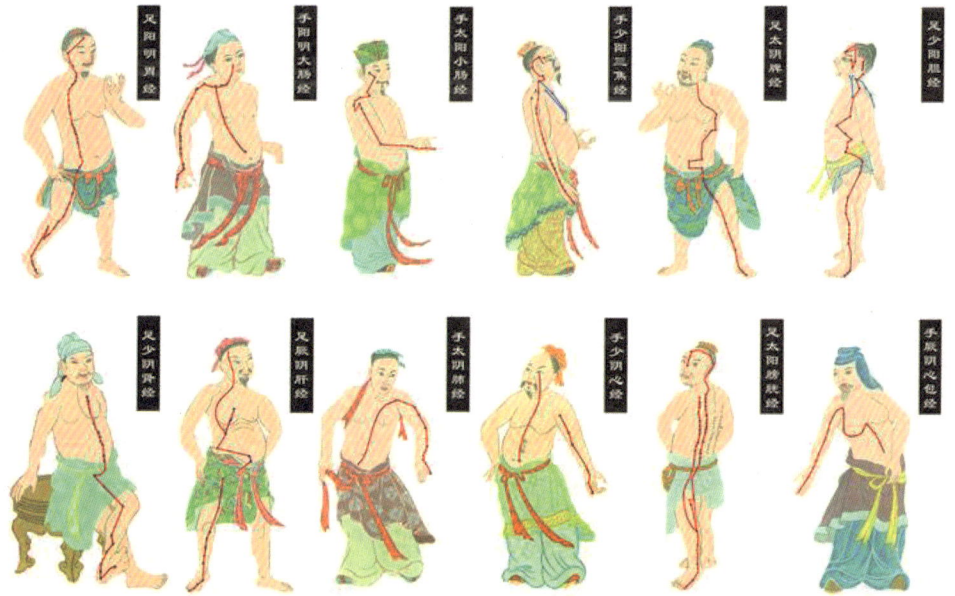

古代中医十二经络图

经络系统有经脉、络脉和连属于体表的十二经筋、十二皮部组成，其中，经脉包括十二经脉、奇经八脉、十二经别，络脉包括十五络脉和难以计数的浮络、孙络等。十二经脉是经络系统的主体，是手三阴经（肺、心包、心）、手三阳经（大肠、三焦、小肠）、足三阳经（胃、胆、膀胱）、足三阴经（脾、肝、肾）的总称，又称为"正经"。

（一）沟通联系作用

人体是由五脏六腑、四肢百骸、五官九窍、皮肉筋骨和经脉系统组成的，这些组成部分虽有各自不同的生理功能，但却相互协作、有机配合，共同保持其协调和统一。这些脏腑组织的协调统一，主要是依赖经络系统的沟通联系作用而实现的。

内在脏腑与外周体表肢节的联系，主要是通过十二经脉的沟通作用实现的。十二经脉内属脏腑，外联体表，每条经脉对内与脏腑发生特定的属络关系，对外联络筋肉、关节和皮肤。脏腑与官窍之间的联系，也是通过经络的沟通作用而实现的，尤其是通过十二经脉的起、止、上、下、循行、出入等把人体的五脏六腑、四肢百骸、五官九窍等组织器官有机地结合起来，构成一个统一的整体。如，《类经·藏象类》记载了"手少阴……系舌本"，"手厥阴循喉咙，出耳后""足少阳皆汇耳中"等。因此，内在脏腑通过经络与官窍相互沟通而成为一个整体，脏腑的生理功能和病理变化便可以通过经络反映于相应的官窍。脏腑之间经过经络的沟通联络而密切联系。十二经脉之每一经都分别属络脏与腑，这是脏腑相合理论的主要结构基础，如手太阴经属肺络大肠、手阳明经属大肠络肺等，这样就构成了脏腑之间的多种联系。另外，经络系统各部分之间也存在着密切联系。十二经脉有规律的首尾衔接、流注，阴阳相贯，如环无端，并有许多交叉和交会。

（二）运行气血作用

人体各个组织器官均需气血的濡润滋养，才能维持其正常的生理活动，气血之所以能通达全身，发挥其营养脏腑组织器官、抗御外邪、保卫机体的作用，就是依赖经络的传注而实现的。经络不断地将气血输送到全身各部，在内灌注脏腑组织，在外濡养腠理皮毛。脏腑腠理的气血充盛，生理功能得以正常发挥，则机体强健，能抵御外邪的侵袭。

（三）感应传导作用

感应传导又称为"经络感传现象"，是指当某种刺激作用于一定穴位时，人体会产生某些酸、麻、胀、重等感觉，并可沿经脉的循行路线而传导放散。中医将此称之为"得气"或"气至"。经络的这种感应传导作用，可以沟通人体各部之间的联系，传递各种生命活动信息，引导"气至病所"，反映治疗效应。

机体中每时每刻都有许多生命信息的发出、交换和传递，这就必须依赖经络系统的感应传导作用，进行生命信息的传递，沟通各部分之间的联系。这种信息传导既可以发生在各脏腑形体官窍之间，又可以发生于体表与内脏之间，如果体表收到外界某种刺激（针刺、推拿等），这些信息就会由经络中的经气感受和负载，沿经络传送至内脏。内脏功能活动或病理变化的信息，亦可由经络中的经气感受，并沿经络传达于体表，反映出不同的症状和体征，这就是"有诸内必形诸外"的主要生理基础。如胃肠痉挛的患者，胃脘部出现剧烈的疼痛，循经取穴，针刺足阳明胃经的合穴足三里，有的患者自感有一股气从足三里穴向上沿大腿向胃脘部传递，当经气循经到达病所时，疼痛就会减轻或消失。

（四）调节平衡作用

经络系统通过其沟通联系，运行气血作用及其感应传导作用，对各脏腑形体官窍的功能活动进行调节，维持阴阳动态平衡。当人体发生疾病时，即可运用针灸、推拿等治疗方法激发经络的调节作用，达到阴阳平衡的目的。

二 经络的临床应用

（一）阐释病理变化

由于经络有运行气血、沟通表里、联系脏腑及感应传导等作用，所以在病理情况下，经络就可能成为传递病邪和反映病变的途径。通过经络的传导，内脏的病变也可以反映于外表，表现在某些特定的部位或与其相应的官窍上。如肝气郁结常见两胁、少腹胀痛，因为足厥阴肝经低小腹，布胸胁；心痛，不仅表现为心前区疼痛，且常痛及上肢内侧后缘，是因为手少阴心经行于上肢内侧后缘的原因。其他如胃火可见牙龈肿痛，都是经络传导的反映。

（二）指导临床诊断

由于经络具有一定的循行路线和属络脏腑，因此它可以反映所属脏腑的病证。临床上，可以根据疾病症状出现的部位，结合经络循行的部位及所联系的脏腑，做出相应的诊断。如两胁疼痛，多为肝胆疾病；头痛，痛在前额者，多与阳明经有关，痛在两侧者，多与少阳经有关，痛在后头及项部者，多与太阳经有关。

气功

（三）指导疾病治疗

经络学说被广泛用以指导临床各科治疗疾病，是针灸、推拿和药物疗法的理论基础。针灸与推拿疗法，主要是根据某一经或某一脏腑的病变，在病变的邻近部位或经络循行的远隔部位"循经取穴"，通过针灸或推拿，以调整经络气血的功能活动，达到治疗的目的。药物治疗也要以经络为渠道，通过经络的传导转输，才能使药到病所，从而产生了药物归经理论。

（四）指导养生保健

经络理论指导下的针灸、推拿、气功、刮痧等疗法广泛运用于人体的养生和保健。针灸刺激人体经络上的相关腧穴使阴阳调和、气血流畅，从而增强了机体的调节能力和抗病能力。《医学入门》指出："药之不及，针之不到，必须灸之。"说明灸法可以起到针、药不能起到的作用。《扁鹊心书》记载："人于无病时，常灸关元、气海、命门……虽未得长生，亦可得百岁矣。"

刮痧

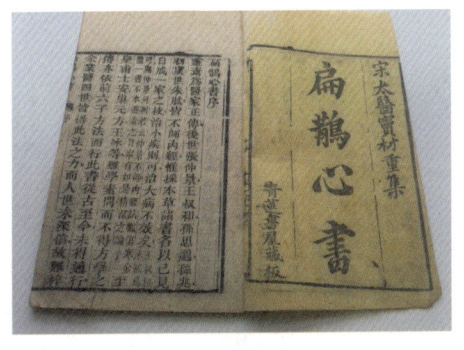

《扁鹊心书》

扁鹊

生活中的中医锦囊

捏脊疗法通过捏提等法作用于背部的督脉、足太阳膀胱经，可以振奋阳气，调整脏腑功能，常用于治疗小儿疳积、消化不良、厌食等。

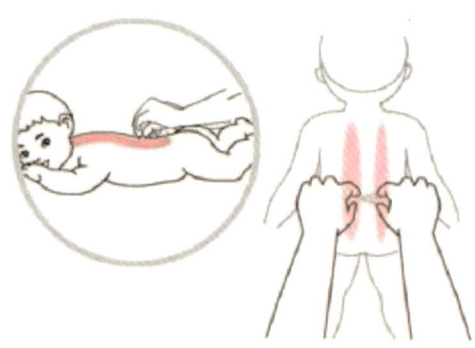

捏脊疗法

思考能力我最强

心病为什么会表现为胸前区及背部疼痛，并放射至手小指？

动手能力我最强

每天按摩气海穴3~5分钟可以强壮身体。

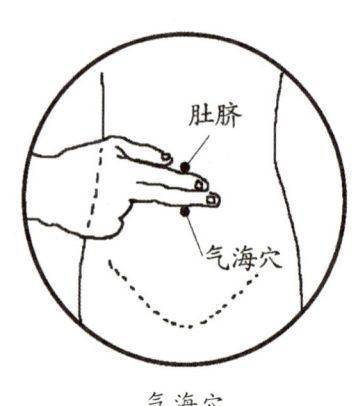

气海穴

第11课　腧穴的分类

人体的腧穴既是疾病的反应点，又是针灸等治法的施术部位。腧穴与经络、脏腑、气血密切相关。经穴分别归属于各经脉，经脉又隶属于一定的脏腑，故腧穴与经脉、脏腑间形成了不可分割的联系。

一　腧穴的概念

腧穴是人体脏腑经络之气输注出入的特殊部位，既是疾病的反应点也是针灸防治疾病的刺激点。腧与"输"通，有转输、输注的含义；"穴"即孔隙，是经气所居之处。

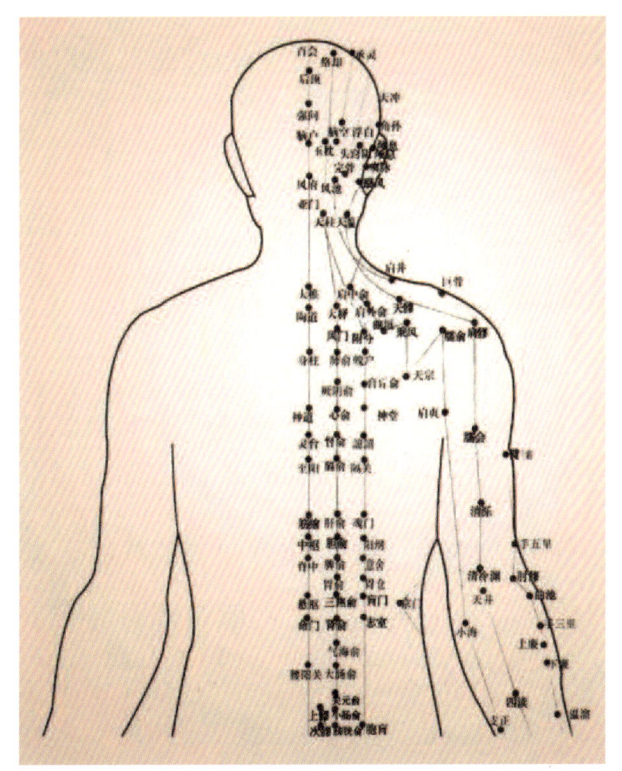

人体常用穴位图

二 腧穴的分类

分布于人体的腧穴很多，按照传统分类法可分为十四经穴、经外奇穴、阿是穴三类。

（一）十四经穴

十四经穴是指具有固定的名称和位置，且归属于十四经脉系统的腧穴，这类腧穴具有治疗本经和相应脏腑病证的共同作用，是全身腧穴的主要部分。十四经穴简称"经穴"，是腧穴体系中的主体。《黄帝内经》记载的经穴约160个，发展到现代，经穴数量逐渐增加到362个。

（二）经外奇穴

经外奇穴是指既有一定的名称，又有明确的位置，但尚未归入或不便归入十四经脉系统的腧穴。这类腧穴的主治范围比较单纯，多数对某些病证有特殊疗效，故又称"奇穴"。如阑尾穴治疗阑尾炎，定喘穴平喘等。历代对经外奇穴的记载不一，也有一些经外奇穴在发展过程中被归入十四经穴。

（三）阿是穴

阿是穴是指既无固定名称，又无固定位置，是以压痛点或病变局部或其他反应点等作为针灸施术部位的一类腧穴，又称"天应穴""不应穴""压痛点"等。

阿是穴源自《内经》所言："以痛为腧。""阿是"之称见于唐代孙思邈所著《备急千金要方》："有阿是之法，言人有病痛，即令捏其上，若果当其处，不问孔穴，即得便快或痛处，即云阿是，灸刺皆验，故曰阿是穴也。"临床上，经穴或奇穴有时也注意以压痛反应来取穴，但不能称为阿是穴。

三 特定穴

特定穴是指十四经中具有特殊治疗作用，并按特定称号归类的腧穴。特定穴可分为十类，即主要分布在四肢肘膝关节以下的五输穴、原穴、络穴、郄穴、下合穴、八脉交会穴，在背腰和胸腹部的背俞穴、募穴，在四肢、躯干部的八会穴，以及全身经脉的交会穴。

（一）五输穴

十二经脉分布在肘、膝关节以下的5个特定腧穴，即井、荥、输、经、合穴，称五输穴，简称"五输"。古人把经气在经脉中的运行比作自然界之水流，认为具有由小到大、由浅入深的特点。五输穴从四肢末端向肘膝方向依次排列，因与五行相配，故又有"五行输"之称。

（二）原穴

脏腑原气输注、经过和留止于十二经脉四肢部的腧穴，称为原穴，又称"十二原"。"原"含本原、原气之意，是人体生命活动的原动力，为十二经脉维持正常生理功能之根本。十二原穴多分布于腕踝关节附近。

（三）络穴

十五络脉从经脉分出处各有一个腧穴，称为络穴，又称"十五络穴"。络，有联络、散布之意。十二经脉的络穴位于四肢肘膝关节以下；任脉络穴鸠尾位于上腹部，督脉络穴长强位于尾骶部，脾之大络大包穴位于胸胁部。

（四）郄穴

十二经脉和奇经八脉中的阴维、阳维、阴跷、阳跷脉之经气深聚的部位，称为郄穴。"郄"有空隙之意，郄穴共有16个，除胃经的郄穴梁丘之外，其他都分布于肘、膝关节以下。

（五）背俞穴

脏腑之气输注于背腰部的腧穴，称为背俞穴，又称为"俞穴"。

俞，有输注、转输之意。六脏六腑各有一背俞穴，共12个。背俞穴均位于背腰部足太阳膀胱经第一侧线上，大体依脏腑位置的高低而上下排列，并分别冠以脏腑之名。

（六）募穴

脏腑之气汇聚于胸腹部的腧穴，称为募穴，又称为"腹募穴"。募，有聚集、汇合之意。六脏六腑各有一募穴，共12个。募穴均位于胸腹部有关经脉上，其位置与其相关脏腑所处部位相近。

（七）下合穴

六腑之气下合于下肢足三阳经的腧穴，称为下合穴，又称"六腑下合穴"。下合穴共有6个，其中胃、胆、膀胱的下合穴位于本经，与本经五输穴中的合穴同名同位；大肠、小肠的下合穴都位于胃经，三焦的下合穴位于膀胱经。

（八）八会穴

脏、腑、气、血、筋、脉、骨、髓等精气会聚的8个腧穴，称为八会穴。八会穴分散在躯干部和四肢部，其中脏、腑、气、血、骨之会穴位于躯干部，筋、脉、髓之会穴位于四肢部。

（九）八脉交会穴

奇经八脉与十二经脉之气相通的8个腧穴，称为八脉交会穴，又称"交经八穴"。八脉交会穴均位于腕踝部的上下。

（十）交会穴

两经或数经相交会的腧穴，称为交会穴。交会穴多分布于头面、躯干部。

生活中的中医锦囊

晕船晕车时，按压合谷穴可缓解头晕、恶心的症状。

思考能力我最强

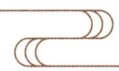

针灸、推拿主要的施术部位是哪里?

动手能力我最强

当你看书眼睛疲惫时,点按睛明穴,试试有什么效果。

睛明穴

第12课　腧穴的主治特点和规律

每一个腧穴均有其主治特点,总体来讲,腧穴有近治作用、远治作用和特殊治疗作用等一些共同的特点,并具有一定的主治规律性。

一　腧穴的主治特点

腧穴的主治特点主要表现为三个方面,即近治作用、远治作用和特殊作用。

(一)近治作用

近治作用是指腧穴具有治疗其所在部位局部及临近组织、器官病证的作用,这是一切腧穴主治作用所具有的共同的和最基本的特点。如眼睛周围的睛明穴、攒竹穴能治疗眼部疾病,胃脘部周围的中脘穴能治疗胃痛,阿是穴均可治疗所在部位局部的疼痛等。

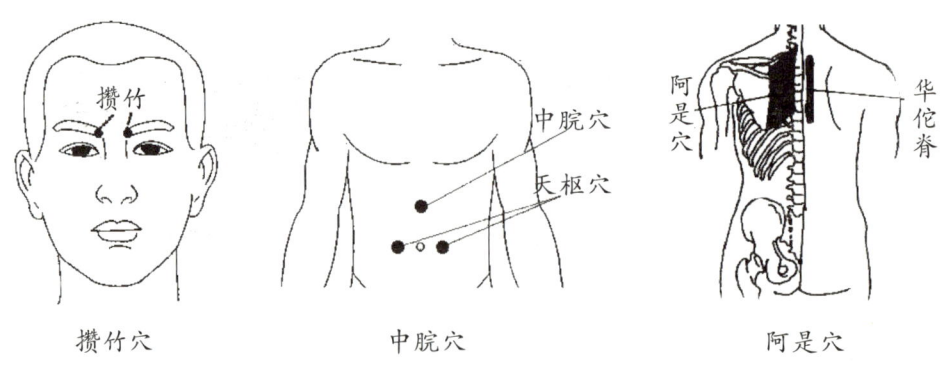

攒竹穴　　　中脘穴　　　阿是穴

(二)远治作用

远治作用是指腧穴具有治疗其远隔部位的脏腑、组织器官病证的作用。腧穴不仅能治疗局部病证,而且还有远治作用。十四经穴,尤其是十二经脉中位于四肢肘膝关节以下的经穴,远治作用尤为突出,如合谷穴不仅能治疗手部的局部病证，还能治疗本经络所经过处的颈部和头面部病证。

（三）特殊作用

特殊作用是指有些腧穴具有双向良性调整作用和相对特异的治疗作用。双向良性调整作用是指同一腧穴对机体不同的病理状态可起到两种相反而有效的治疗作用。如腹泻时针刺天枢穴可止泻，便秘时针刺天枢穴可通便；内关穴既可以治疗心跳缓慢，又可以治疗心跳过快。此外，有些腧穴的治疗作用还有相对的特异性，如大椎穴可退热、阑尾穴可治疗阑尾炎等。

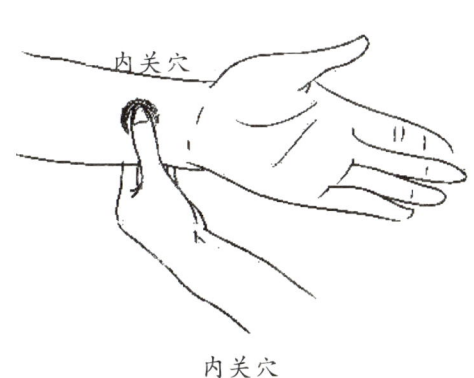

内关穴　　　　　　　　大椎穴

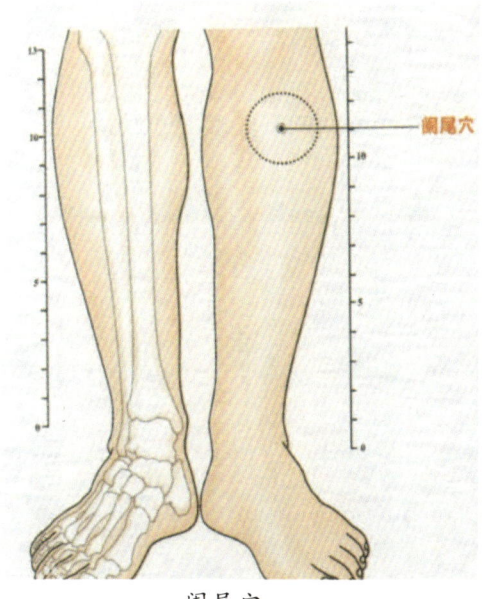

阑尾穴

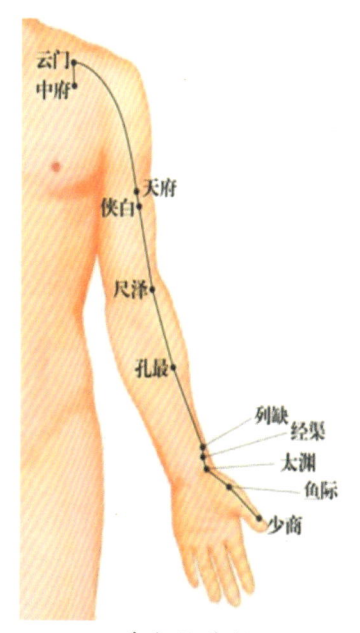

手太阴肺经

二、腧穴的主治规律

腧穴的主治规律主要表现为分经主治和分部主治两大规律。

（一）分经主治规律

分经主治是指某一经脉所属的经穴均可治疗该经循行部位及其相应脏腑的病证。古代医家在论述针灸治疗时，往往只选取有关经脉而不列举具体穴名，即所谓"定经不定穴"。同一经络的不同经穴，可以治疗本经相同病证，如手太阴肺经的尺泽、孔最、列缺、鱼际均可治疗咳嗽、气喘等肺部病证，说明腧穴有分经主治规律。

（二）分部主治规律

分部主治是指处于身体某一部位的腧穴均可以治疗该部位及某类病证。腧穴的分部主治与腧穴的位置特点关系密切，如位于头面、颈项部的腧穴，可治疗头面五官及颈项部病证为主；位于鼻区的腧穴，可治疗鼻部疾病；位于胸部的腧穴可治疗心、肺部病证等。

生活中的中医锦囊

用右手掌根或右手全掌，绕脐部做顺时针揉摩120次，每日揉摩可有效治疗便秘。

思考能力我最强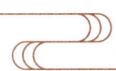

为什么按揉体表的穴位，可治疗内脏疾病？

动手能力我最强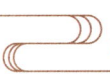

长时间用眼后，可以做一做眼保健操，缓解眼睛疲劳。

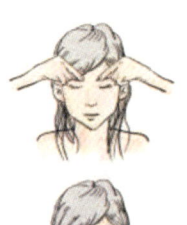

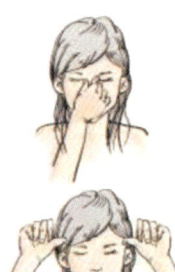

神奇的治疗方法

第四单元

 **第13课** 中药方剂

　　方剂是在辨证确定治法之后，选择合适的中药，斟酌确定药物的用量，按照"君、臣、佐、使"的组方基本结构的要求，将药物配伍而成，是中医治疗疾病的主要用药形式。

一　方剂的起源与发展

　　方剂中，方，指医方，剂，古作"齐"，指调剂，方剂就是治病的药方。中国古代很早已使用单味药物治疗疾病。经过长期的医疗实践，又学会将几种药物配合起来，经过煎煮制成汤液，即最早的方剂。

　　我们知道，中药的功效各有所长，也各有所短，只有通过合理的组织，调节其偏性，制约其毒性，增强或改变原有功能，使各具特性的群药组合成一个新的有机整体，用于疾病的治疗，这个运用药物的组合过程，中医药学称之为"配伍"，"配"是组织、搭配的意思，"伍"是队伍、序列的意思，即通过配伍达到增效、减毒的目的。

二 方剂的组成与变化

运用配伍方法组成方剂时，还应符合严密的组方基本结构的要求，《皇帝内经》首载"君、臣、佐、使"的方剂基本结构。

君药即针对主病或主证起主要治疗作用的药物。

臣药有两层意思：辅助君药加强治疗主病或主证的药物；针对重要的兼病或兼证起主要治疗作用的药物。

佐药有三层意思：佐助药，即配合君、臣药以加强治疗作用或直接治疗次要兼证的药物；佐制药，用以消除或减弱君、臣药的毒性或能制约君、臣药峻烈之性的药物；反佐药，即病重邪气旺盛可能拒药时，配用与君药性味相反而又能在治疗中起相成作用的药物，以防止药病格拒。

使药有两层意思：引经药，即能引方中诸药到达特定疾病所在部位的药物；调和药，即具有调和方中诸药作用的药物。

在用药组方时并没有固定的程式，既不是每一种意义的臣、佐、使药都必须具备，也不是每味药只任一职，但在任何方剂组成中，君药都不可缺少。一般来说，君药的药味较少，其用量比臣、佐、使药的用量要大。在辨证论治的基础上，遣药组方，灵活变化方剂形式，应对万变的病情。

三 方剂与治法的关系

《黄帝内经》中有关治法之记载较丰富，为中医学奠定了治法理论的基础。汉代张仲景在《伤寒杂病论》中总结出若干具体治法，如"可发汗，宜麻黄汤""当和胃气，宜调胃承气汤""急下之，宜大承气汤""当温之，宜四逆辈"等。其后，历代医家在长期的医疗实践中又创制出诸多治法，以适应复杂多变的各种病证。其中具有代表性、概括性的当推清代医家程钟龄的《医学心悟》之"八法"。"论病之原，以内伤、外感四字括之。论病之情，则以寒、热、虚、实、表、里、阴、阳八字统之。而论治病之方，则又以汗、和、下、消、吐、清、温、补八法尽之。""八法"归纳、概括了历代医家关于治法的论述。

张仲景

程钟龄

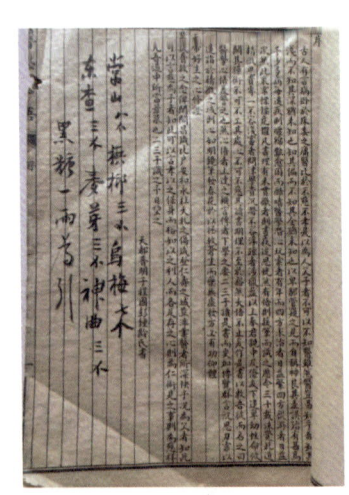
《医学心悟》

1. 汗法

汗法是通过开泄腠理、调畅营卫、宣发肺气等作用，使在表的六淫之邪随汗而解的一种治法。凡外感表证、疹出不透、疮疡初起，以及水肿、泄泻、咳嗽、疟疾而见恶寒发热、头痛身疼等表证，均可用汗法治疗。

2. 和法

和法是通过和解或调和的方法，使半表半里之邪，或脏腑、阴阳、表里失和之证得以解除的一种治法。和法的应用范围较广，适用于邪犯少阳、肝脾不和、寒热错杂、气血营卫失和等证。

3. 下法

下法是通过泻下、荡涤、攻逐等作用，使停留在胃肠的宿食、燥屎、冷积、瘀血、结痰、停水等有形积滞从大便而出的一种治法。

4. 消法

消法是通过消食导滞、行气活血、化痰利水、驱虫等方法，使气、血、痰、食、水、虫等所结成的有形之邪渐消缓散的一种治法。

5. 吐法

吐法是通过涌吐的方法，使停留在咽喉、胸膈、胃脘的痰涎、宿食，以及毒物等从口中吐出的一种治法，属于病情急迫而又急需吐出之证。因吐法易伤胃气，故体虚气弱、妇人新产、孕妇等均应慎用。

6. 清法

清法是通过清热、泻火、解毒、凉血等作用，使在里之热邪得以解除的一种治法。适用于里热证、火证、热毒证及虚热证等。

7. 温法

温法是通过温里祛寒的方法，使在里之寒邪得以消散的一种治法。适用于脏腑的陈寒痼冷，寒饮内停，寒湿不化以及阳气衰微等。

8. 补法

补法是通过补养的方法，恢复人体正气，以治疗各种虚证的一类治法。

因表里寒热虚实等病情复杂多端，常需数法合用，即所谓"一法之中，八法备焉；八法之中，百法备焉"。

四 方剂的煎服法

（一）煎法

汤剂是中医临床最能充分体现中医学之"悟"、方剂学之"变"思维模式的常用剂型。不同的煎药方法，对疗效将产生相应的影响。《医学源流论》云："煎药之法，最宜深讲，药之效不效，全在乎此。"

煎药一般用瓦罐、砂锅，搪瓷器具或铝制品亦可，古有"银为上，磁者次之"之说，忌用铁器、铜器。

（二）服法

一般而言，病在上焦，或对胃肠有刺激的，宜食后服；病在下焦，宜食前服；补益药与泻下药，宜空腹服；安神药宜临卧服。急性重病则不拘时服，慢性病应按时服。此外，某些方剂对服药时间有特殊要求。

服药后对饮食有宜忌，《本草纲目》在"服药食忌"中明示："凡服药，不可杂食肥猪犬肉，油腻羹鲶，腥臊陈臭诸物。凡服药，不可多食生蒜、胡荽、生葱、诸果、诸滑滞之物。"

此外，尚有汗后避风，以及慎劳役、节恚怒等，以防"劳复""食复"。

生活中的中医锦囊

当受凉感冒时，服用姜汤可缓解感冒时怕冷、全身酸痛的症状。取适量生姜片、葱白、小火烧开，趁热服用，可加入红糖调味。

思考能力我最强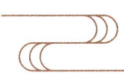

你知道药浴的治疗方法吗？药浴的常见方式有哪些？

动手能力我最强

足浴可以促进人体脚部血液循环，达到改善脚部经络、促进人体健康的目的。试一试，自制一个足浴药包吧。

第14课　针灸疗法

针灸疗法包括针法和灸法，通过针刺或艾灸达到疏通经络、调和阴阳、扶正祛邪的目的，具有起效快、适应证广、无毒性、作用安全等特点。

针灸疗法，即利用针刺与艾灸进行治疗，起源于新石器时代。"针"，即针刺，以针刺入人体穴位治病；"灸"，即艾灸，以火点燃艾柱或艾条，使产生的艾热刺激人体穴位或特定部位，将热力透入肌肤，以温通气血，通过激发经气的活动来调整人体紊乱的生理生化功能，从而达到防病治病目的的一种治疗方法。艾灸作用机制与针刺有相近之处，并与针刺有相辅相成的治疗作用。针灸就是以这种方式刺激体表穴位，并通过全身经络的传导，来调整气血和脏腑的功能，从而达到疏通经络、调和阴阳、扶正祛邪的目的。

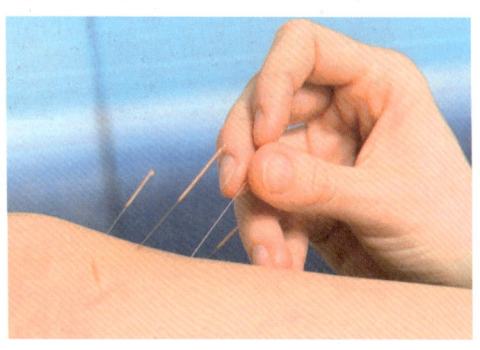
针灸

艾灸

一 灸法的种类和应用

（一）艾柱灸

用手工或器具将艾绒制成的圆柱状物称为艾柱。将艾柱置于穴位或病变部位上，点燃施灸的方法称为艾柱灸。每燃烧一个艾柱，称为灸一壮。艾柱灸分为直接灸和间接灸两类。

（二）艾条灸

以艾绒为主要成分卷成的圆柱形长条称为艾条。点燃艾条施灸的方法称为艾条灸。艾条灸可分为悬起灸和实按灸两种方式。

（三）温针灸

毫针留针时在针柄上置以艾绒(或艾条段)施灸的方法，称为温针灸。操作时，先将毫针刺入腧穴，得气并施行适当的补泻手法后，将针留在适当的深度，再将纯净细软的艾绒包裹于针尾，或将2~3cm的艾条直接插在针柄上，点燃施灸。待艾绒或艾条燃尽后除去灰烬，将针取出。此法适合既需要留针，又适宜艾灸的病症。

（四）温灸器灸

温灸器又称灸疗器，指专门用于施灸的器具。临床常用的温灸器有灸架、灸盒和灸筒。用温灸器施灸的方法称为温灸器灸。施灸时，将艾绒或艾条装入温灸器，点燃后置于腧穴或应灸部位进行熨灸，以所灸部位的皮肤红晕为度。具有调和气血、温中散寒的作用，临床需要灸治者，一般均可应用，对小儿、妇女及畏灸者尤为适宜。

（五）非艾灸法

1. 灯火灸

灯火灸又称为灯草灸、油捻灸。用灯心草一根，以麻油浸之，燃着后对准穴位或患处，迅速点灸皮肤，一触即起。

2. 天灸

天灸是将一些具有刺激性的药物涂敷于穴位或患处，使局部充血、起疱，犹如灸疮，故名天灸，又称药物灸、发疱灸。

（六）其他疗法

1. 三棱针法

三棱针古称"锋针"，是一种"泻热出血"的常用工具。现用的三棱针多由不锈钢材料制成，针长约6 cm，针柄稍粗呈圆柱体，针身呈三棱状，尖端三面有刃，针尖锋利。针刺方法三棱针的针刺方法一般分为点刺法、散刺法、刺络法、挑刺法四种。

2. 皮肤针法

皮肤针一般由针头和针柄两部分组成。针头端形似莲蓬状，上缀有数枚不锈钢短针；针柄分为硬柄和软柄两种，一般用树脂材料制成，长15~19 cm。根据针头所附针的数目不同，又可称为梅花针(五支针)、七星针(七支针)和罗汉针(十八支针)等。

二 针灸的治疗作用

（一）疏通经络

疏通经络可使淤阻的经络通畅而发挥其正常的生理作用，是针灸最基本最直接的治疗的作用。经络"内属于脏腑，外络于肢节"，运行气血是其主要的生理功能之一。经络不通，气血运行受阻，临床常表现为疼痛、麻木、肿胀、瘀斑等症状。针灸疏通经络主要是根据病变部位及经络循行与联系，选择相应的部位和腧穴用针刺或灸法，使经络通畅，气血运行正常，达到治疗疾病的目的。

（二）调和阴阳

调和阴阳可使机体从阴阳失衡的状态向平衡状态转化，是针灸治疗最终要达到的目的。疾病发生的机理是复杂的，但从总体上可归纳为阴阳失衡。运用针灸方法调节阴阳的偏胜偏衰，可以使机体恢复"阴平阳秘"的状态，从而达到治愈疾病的目的。针灸调和阴阳的作用是通过经络阴阳属性、经穴配伍和针刺手法完成的。

（三）扶正祛邪

扶正祛邪可以扶助机体正气及驱除病邪。疾病的发生发展及转归的过程，实质上就是正邪相争的过程。针灸治病的过程就是使疾病向良性方向转归的基本过程。

 三 针灸的治病特点

（一）激发正气、自身调节

针灸对机体的调节作用是通过调节经气、激发正气、提高自身抗病能力和自我康复能力，使机体从病理状态向生理状态转归，而不是外源性物质的补充，这是针灸与药物治病的根本区别。

（二）起效快捷、适应证广

针刺治病起效所需的时程短，如失眠病人感到头目胀而昏沉，椎动脉型颈椎病病人出现眩晕等，针刺风池穴持续行针1~3分钟，病人即有头目清爽或眩晕即刻减轻的感觉；单纯性胃肠痉挛出现的胃痛、腹痛，针刺足三里常可立即止痛。随着针灸临床实践的不断深化，针灸治疗的病种在不断扩大。凡是依靠促进机体自身调节机能可以实现良性转归的疾病，都是针灸的适应症。

（三）无毒性、作用安全

针灸通过激发机体自身的调节机能，促进机体释放一些内源性物质，以发挥防治疾病的效应，因此，不会产生外源性药物样的毒性损害，这也是针灸被称为"绿色疗法"的原因所在。

生活中的中医锦囊

艾灸中脘穴、神阙穴、足三里穴等穴位可缓解小儿受凉引起的腹痛、腹泻等症状。

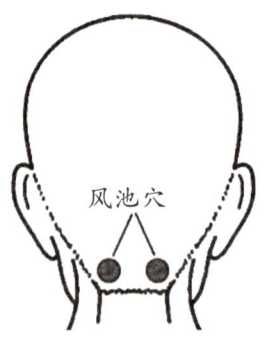

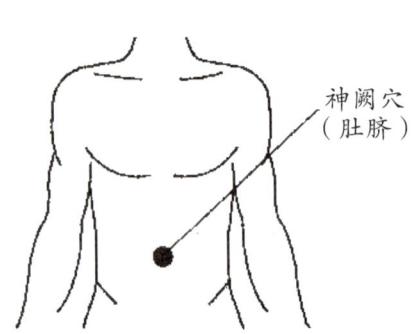

思考能力我最强

针灸是一种"内病外治"的方法,想一想,针灸是通过什么途径起到治疗疾病的目的的?

动手能力我最强

我国端午节有挂艾草、佩香囊的习俗，试一试亲手把艾叶磨碎，装入精美的小布袋中，制作一个漂亮的艾草香囊。

艾草

第15课 推拿疗法

推拿属于中医特色外治疗法,通过手法作用于人体体表的特定部位,对机体产生影响,具有疏通经络、行气活血、理筋整复、滑利关节、调整脏腑功能、增强抗病能力等作用。

推拿作为一种治疗方法是人类最古老的一门医术,具有悠久的历史与卓越的临床疗效。

一 推拿的基本作用

(一)疏通经络、行气活血

经络,内属脏腑,外络肢节,是人体气血运行的通路。气血不和,外邪入侵,经络闭塞,不通则痛,就会产生疼痛麻木等一系列症状。推拿手法作用于经络腧穴,可疏通经络,行气活血,散寒止痛。推拿通过手法对人体体表的直接刺激,促进了气血的运行;其次,通过手法对机体体表的温热刺激,产生热效应,从而加速了气血的流动。

(二)理筋整复、滑利关节

筋骨、关节主宰着人体的运动功能。气血调和,阴阳平衡,才能确保机体筋骨强健、关节滑利,从而维持正常的生活起居和活动功能。筋骨、关节受损,一定会累及气血,导致脉络损伤,气滞血瘀,从而导致肿胀、疼痛,影响肢体关节的活动。推拿通过手法作用于损伤局部,可以促进气血运行,消肿祛瘀,理气止痛;推拿的整复手法可以通过力学的直接作用来纠正筋骨的异位,达到理筋整复的目的;适当的被动运动手法可以起到松解粘连、滑利关节的作用。

(三)调整脏腑功能,增强抗病能力

"正气存内,邪不可干",只要机体有充分的抗病能力,致病因素就不起作用;"邪之所凑,其气必虚",说明疾病之所以发生和发展,是因为机体的抗病能力处于相对劣势,邪气乘虚而入。推拿手法作用于人体体表上的相应经络腧穴,可以改善脏腑功能,增强抗病能力。推拿通过在体表相应的穴位上实施手法,通过经络的介导发生作用。另外,通过推拿手法对脏腑功能的调整,使机体处于良好的功能状态,有利于激发机体的抗病因素,扶正祛邪。

二 推拿手法

用手或肢体的相关部位,按特定的技巧作用于体表,以达到治病、防病及保健的目的,这种特定的技巧动作称为"手法"。

手法的基本要求是持久、有力、均匀、柔

推拿

和,从而达到深透和渗透的目的。推拿手法有缓解肌肉痉挛、放松止痛、活血祛瘀、消除肿胀、温经通络、疏通狭窄、分解粘连、滑利关节、整复错位等作用。按手法动作形态特点可分为以下几类:

1. 摆动类手法

摆动类手法是指具有摆动特点的手法,常用的有一指禅推法、滚法、揉法、缠法。

2. 摩擦类手法

摩擦类手法是指具有与体表之间有相互摩擦特点的手法,常用的

有摩法、擦法、推法、搓法、刮法、扫散法、推桥弓。

3. 挤压类手法

挤压类手法是指具有与体表之间有相互挤压特点的手法，常用的有按法、点法、拿法、捏法、捻法、掐法、拨法、踩跷法。

4. 叩击类手法

叩击类手法是指具有叩击特点的手法，常用的有击法、拍法、弹法、鸣天鼓。

5. 运动关节类手法

运动关节类手法是指可以使关节产生运动的手法，常用的有摇法、背法、拔伸法、扳法、屈伸法。

三 推拿疗法的适应证

推拿疗法的适应证非常广泛，几乎覆盖了各种疾病，但主要的治疗病种集中在骨伤、内科、妇科、儿科、五官科等，同时也广泛应用于美容、减肥和医学保健。

1. 骨伤疾病

骨伤疾病的主要病证有颈椎病、落枕、颈椎间盘突出症、肩关节周围炎，以及髋关节、膝关节、踝关节等炎症。

2. 内科疾病

内科疾病的主要病证有胃脘痛、便秘、泄泻、感冒、咳嗽、哮喘、眩晕、失眠、中风后遗症、面瘫等。

3. 妇产科疾病

妇产科疾病的主要病证有产后少乳、乳痈、产后身痛、月经不调、痛经、慢性盆腔炎、围绝经期综合征、子宫脱垂等。

4. 儿科疾病

儿科疾病的主要病证有脑性瘫痪、小儿脊柱侧弯、厌食、腹泻、便秘、遗尿、惊风、夜啼、感冒、发热、咳嗽、呕吐、小儿麻痹后遗症等。

5. 五官科疾病

五官科疾病的主要病证有近视、耳鸣、耳聋、鼻炎、慢性咽炎、急慢性扁桃体炎等。

生活中的中医锦囊

感冒鼻塞时，按揉迎香穴，可缓解鼻塞症状。

思考能力我最强

与药物治疗疾病相比，推拿疗法治疗疾病的优点是什么？

动手能力我最强

试一试，按摩脚底的涌泉穴，可以帮助睡眠。

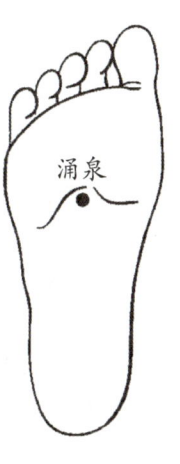

第16课 拔罐疗法

> 拔罐是以罐为工具，利用燃火、抽气等方法排除罐内空气，造成负压，使之吸附于体表，产生温热刺激并造成局部瘀血现象，以达到通经活络、行气活血、消肿止痛、祛风散寒等作用的疗法。

拔罐是以罐为工具，利用燃火、抽气等方法排除罐内空气，造成负压，使之吸附于体表，产生温热刺激并造成局部瘀血现象的一种治疗方法。拔罐可以通经活络、行气活血、消肿止痛、祛风散寒，具有调整人体阴阳平衡，解除疲劳、增强体质的功效。

一 拔罐的工具

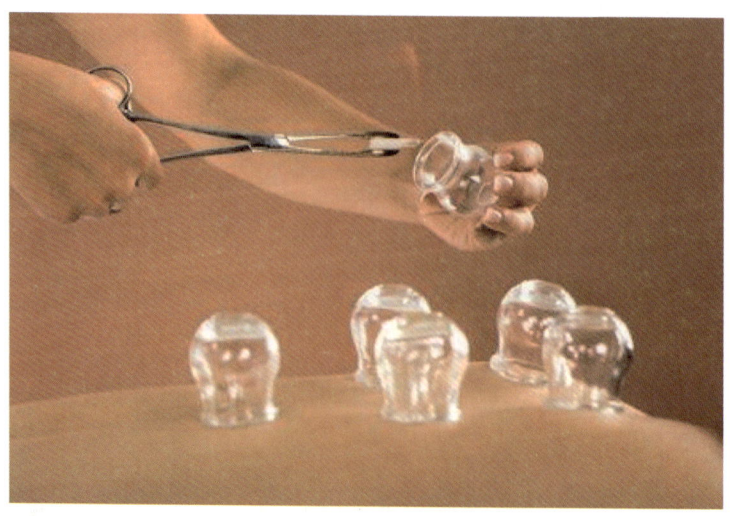

拔罐

1. 火罐

利用燃烧时的火焰热力，排去空气，使罐内形成负压，将罐吸附于皮肤上。常用闪火法操作，即用镊子夹住酒精棉球点燃，在罐内绕一圈后抽出，迅速将罐罩在应拔部位上，即可吸住。拔火罐时，不要用火烧罐口，以免烫伤皮肤。

2. 水罐

一般应用竹罐。先将罐子放在锅内加水煮沸，使用时将罐子倾倒用镊子夹出，甩去水液，或用折叠的毛巾紧扪罐口，趁热按在皮肤上，即能吸住。

3. 抽气罐

先将抽气罐紧扣在需要拔罐的部位上，用抽气筒将罐内空气抽出，使其产生负压，即能吸住。

 二 拔罐的方法

1. 留罐

留罐又称坐罐，即拔罐后将罐子吸附留置于施术部位10~15分钟，然后将罐起下。此法多数疾病都可应用，且单罐、多罐皆可应用。

2. 走罐

走罐又称推罐，一般用于面积较大、肌肉厚的部位，如腰背部、大腿部等。可选用口径较大的玻璃火罐，罐口要平滑，先在罐口或欲拔罐部位涂万花油或凡士林油膏等润滑剂，再将罐吸住，然后握住罐子，向上、下、左、右需要拔罐的部位往返推动，至所拔部位的皮肤潮红，将罐起下。

3. 闪罐

闪罐采用闪火法将罐吸住后，又立即起下，再迅速拔住，如此反复多次地拔上起下，起下再拔，直至皮肤潮红为度。

4. 刺血拔罐

刺血拔罐又称刺络拔罐，即在应拔部位的皮肤消毒后，用皮肤针

或三棱针点在局部叩刺或点刺出血后再行拔罐,以加强刺血治疗的作用。一般针后拔罐留置10~15分钟。

三 拔罐的应用

拔罐法具有通经活络、行气活血、消肿止痛、祛风散寒等作用。其适用范围较为广泛,如风湿痹痛、各种神经麻痹,以及一些急慢性疼痛,如腹痛、腰背痛、痛经、头痛等均可应用,还可用于感冒、咳嗽、哮喘、消化不良、胃脘痛、眩晕等脏腑功能紊乱方面的病症。此外,如丹毒、红丝疔、毒蛇咬伤、疮疡初起未溃等外科疾病亦可用拔罐法。

生活中的中医锦囊

受凉感冒初期,背部走罐可减轻感冒症状。

思考能力我最强

火罐为什么能吸附在皮肤上?

动手能力我最强

亲自实验下抽气罐的工作原理并体验其吸附在皮肤上的感觉。